En finir avec les idées fausses sur les syndicats et le dialogue social

Dans la même collection

ATD Quart Monde, *En finir avec les idées fausses sur les pauvres et la pauvreté*, 2013, rééd. 2015.

Pierre-Yves Bulteau, *En finir avec les idées fausses propagées par l'extrême droite*, 2014.

Bernadette Groison, *En finir avec les idées fausses sur les fonctionnaires et la fonction publique*, 2014.

Vincent Edin, *En finir avec les idées fausses sur les professionnels du spectacle*, 2015.

ISBN : 978-2-7082-4326-2

www.editionsatelier.com
www.twitter.com/ateliereditions
facebook.com/editionsatelier

Jean-Paul Guillot

En finir avec les idées fausses sur les syndicats et le dialogue social

LES EDITIONS DE L'ATELIER

51-55, rue Hoche
94200 Ivry-sur-Seine

Sommaire

DEUXIÈME PARTIE

Introduction

L'impression domine souvent dans l'actualité que le dialogue social ne concerne qu'un petit club de personnes traitant de questions éloignées du quotidien des employeurs et des salariés.

La rémunération, la qualification, la durée du travail ou encore le niveau de protection sociale sont des éléments essentiels du contrat qui lie salariés et employeurs. Dans le secteur privé, une grande partie des contrats sont déterminés par des accords d'entreprise, des conventions collectives de branche ou des accords nationaux portant sur l'assurance-chômage, les retraites complémentaires ou la prévoyance qui – complémentairement à la loi – ont des implications très concrètes dans la vie des salariés et des entreprises. Dans la fonction publique – au-delà du statut – employeurs et agents se concertent ou négocient sur des sujets structurants comme les carrières, l'organisation, la formation, les conditions de travail, etc.

Ces sujets ne peuvent pas être traités par la simple addition d'actions individuelles qui feraient fi, pour les employeurs comme pour les salariés, de la nécessité de s'organiser, d'avoir un cadre collectif dans lequel ils agissent.

Le dialogue social est un moyen que se donnent les acteurs pour trouver par eux-mêmes des solutions aux problèmes qu'ils rencontrent. En s'impliquant dans la prise en charge de leur devenir individuel ou collectif, ils agissent pour le vivre-ensemble. À travers leurs organisations syndicales, employeurs et salariés expriment leurs diagnostics, défendent leurs intérêts, formulent leurs propositions et cherchent des compromis qui ne nient pas les conflits d'intérêts mais les dépassent dans une perspective de progrès économique, social et environnemental. Ils le font dans les entreprises, les administrations, les branches ou au plan national.

Le dialogue social ne se réduit pas à des échanges informels, de simples informations, des entretiens, des rencontres entre employeurs et salariés ; il prend souvent la forme de consultations ou de concertations. La négociation collective en est la version la plus aboutie ; elle suppose la volonté des acteurs de rechercher des compromis qui prennent en compte des intérêts divergents.

Les situations de travail concernées par le dialogue social sont d'une extrême diversité : le statut et la taille des établissements vont de la très petite entreprise ou de la petite mairie à la multinationale du CAC 40. Le dirigeant de l'entreprise peut en être le propriétaire ou un salarié. Les salariés eux-mêmes vivent des situations très différentes selon qu'ils ont un contrat à durée déterminée (CDD), un contrat à durée indéterminée (CDI), qu'ils sont cadres, techniciens, employés ou ouvriers, dans le secteur privé, le secteur public ou l'économie sociale et solidaire. Les termes des relations entre employeurs, salariés ou agents diffèrent selon qu'il existe ou non des délégués du personnel et/ou des syndicats. Cette grande diversité n'exclut pas pour autant une réalité commune à l'ensemble de ces situations : l'existence d'une forme plus ou moins intense d'échange entre eux.

Les situations de conflit lourd, d'échec d'une négociation ou certaines dérives du paritarisme sont souvent l'occasion de jugements hâtifs et généralisés : les organisations syndicales et patronales seraient peu représentatives et dépassées par les changements de la société. Les unes et les autres seraient sourdes aux besoins des personnes qu'elles sont censées représenter. Pourquoi donc leur faire confiance alors qu'on pourrait se débrouiller seuls sans ces appareils sclérosés et divisés ? Notre société a-t-elle encore vraiment besoin de syndicats et de dialogue social ?

Ce livre veut rétablir les faits. Il répond avec précision aux critiques les plus répandues qui nient l'utilité et la pertinence des organisations syndicales et patronales, considérant que le dialogue social est inefficace et fait perdre du temps. Il montre au contraire que parmi l'ensemble des adhérents, le million de salariés et les dizaines de milliers de chefs d'entreprises qui détiennent aujourd'hui un mandat, la très grande majorité d'entre eux sont proches de leurs collègues, assument leurs responsabilités, concluent des accords collectifs qui prennent en compte les réalités économiques et sociales. Il explique que les divergences, voire les conflits, n'empêchent pas de discuter de stratégie économique ou des évolutions de l'action publique.

Les organisations syndicales et patronales défendent le dialogue social, non pour lui-même mais parce qu'il est un moyen utile et efficace de défendre celles et ceux qu'elles représentent. C'est cette dynamique exigeante qui peut construire ce qu'on appelle la démocratie sociale, c'est-à-dire la reconnaissance que chacun des acteurs sociaux a un rôle à jouer dans la vie et le développement des entreprises et plus généralement dans la vie économique et sociale. Plus ce dialogue est vivant, plus l'amélioration des droits sociaux et du bien-être au travail est susceptible d'avoir des effets positifs sur la bonne marche des entreprises ou des administrations et vice versa. Le social et l'économique ne s'opposent pas mais peuvent être articulés au bénéfice de tous.

Ce livre veut révéler l'engagement de ces femmes et de ces hommes qui – le plus souvent dans l'ombre – donnent de leur temps pour leurs mandataires. Ce n'est pas parce que leurs intérêts divergent qu'ils ne construisent rien ensemble.

Il répond à la volonté de Réalités du dialogue social (RDS) [1] de mieux faire connaître l'utilité du dialogue social et les contributions de ses acteurs.

---

1. www.rds.asso.fr

PREMIÈRE PARTIE

LES ORGANISATIONS SYNDICALES DE SALARIÉS ET D'EMPLOYEURS NE SONT PAS REPRÉSENTATIVES

1 « Les syndicats ne sont pas représentatifs »

▶ **Faux.**

Pour être représentative, une organisation syndicale doit satisfaire à un ensemble de critères : le respect des valeurs républicaines, l'indépendance vis-à-vis de l'employeur, la transparence financière, une ancienneté d'au moins deux ans, une audience suffisante aux élections professionnelles, une influence avérée, de l'expérience et enfin des effectifs d'adhérents et des cotisations suffisants.

Pour des raisons historiques, les syndicats français n'ont jamais eu beaucoup d'adhérents (entre 5 % et 7 % des salariés). C'est beaucoup moins que leurs homologues européens mais dans les pays scandinaves ou en Belgique, être syndiqué est indispensable pour bénéficier de certains avantages sociaux.

À intervalle régulier (au maximum tous les quatre ans), les salariés sont appelés à participer aux élections professionnelles sur leur lieu de travail. Lorsqu'elles ont lieu, les salariés y participent en moyenne à hauteur de 70 %[1] dans le privé, et de 52,8 % dans le public[2]. Les salariés connaissent les élus. Ils les côtoient dans leur bureau ou atelier et ils ont les mêmes conditions de travail qu'eux. Si les salariés ne sont pas satisfaits de

---

1. Source : DGT, 29 mars 2013. Plus de 5 000 000 salariés ont participé à ces élections dans les entreprises ayant une représentation syndicale.
2. Source : ministère de la Fonction publique, 9 décembre 2014.

leurs représentants, ils les sanctionnent à l'élection suivante. Ces élus sont près d'un million et tirent leur légitimité et leur représentativité de ces élections dans les entreprises et la fonction publique. L'addition de leurs résultats permet de mesurer la représentativité de chaque syndicat au niveau des branches et au niveau national interprofessionnel[3]. Ce processus résulte de la volonté de la majorité des acteurs de renforcer leur légitimité[4] (voir idée fausse n° 5). Parallèlement, dans la fonction publique, les élections professionnelles permettent de déterminer la représentativité de chaque organisation syndicale au niveau de chaque ministère ou établissement.

Si la capacité d'engagement contractuel de l'employeur ne se pose pas au niveau de l'entreprise, la représentativité des organisations patronales reste encore en débat entre leurs différentes composantes au niveau des branches et de l'interprofessionnel. Des critères de représentativité définis récemment par la loi vont permettre d'établir le poids de chaque organisation patronale en 2017.

---

3. La loi de 2008 précise qu' une organisation syndicale doit avoir recueilli un minimum de 10 % des voix au premier tour des élections professionnelles pour être représentative dans une entreprise et de 8 % du cumul des voix recueillies dans les entreprises pour être représentative dans une branche ou l'interprofessionnel. Dans la fonction publique, depuis la loi de 2010 qui a repris les accords de Bercy de 2008, elle doit avoir obtenu au moins un élu au comité technique de référence.

4. *Cf.* la position commune d'avril 2008 suivie de la loi d'août 2008 pour le secteur public et les accords de Bercy (2008) suivis de la loi de 2010 pour la fonction publique.

La France a mis plus de temps que ses voisins à reconnaître l'existence des syndicats et le rôle de la négociation collective. C'est une des raisons qui a fait perdurer pendant longtemps un climat de défiance et d'affrontement. Parallèlement, les accords nationaux sont parvenus à s'appliquer à quasiment toutes les entreprises et tous les salariés. En effet, le mécanisme d'extension des accords collectifs en France est beaucoup plus général que chez nos voisins et il n'est pas nécessaire d'être syndiqué pour en bénéficier. Pourtant les salariés français restent convaincus que leurs droits résultent de la seule loi.

Ce n'est que depuis 2007[5] que le gouvernement a l'obligation de proposer aux syndicats de salariés et d'employeurs de négocier sur un sujet social plutôt que de passer directement par la loi alors que c'est la pratique courante depuis des décennies dans la plupart des autres pays européens.

2 *« Il ne sert à rien de se syndiquer pour un salarié »*

► **Bien au contraire.**

Si notre système social ne pousse pas à adhérer à un syndicat, cela s'avère pourtant très utile.

---

5. La loi de modernisation du dialogue social dite « loi Larcher » de janvier 2007 fait obligation au gouvernement de saisir les partenaires sociaux avant de légiférer dans le domaine social.

Certes, que ce soit dans le privé ou dans le public, un salarié n'a pas besoin d'être syndiqué pour bénéficier des droits et garanties prévus par un accord collectif ou par la loi. S'il lui faut une information ou s'il a besoin d'être défendu face à son employeur et qu'il sollicite un syndicat, la plupart du temps, il obtiendra ce dont il a besoin. Si la prise en charge de sa défense doit mobiliser du temps et/ou des moyens, il sera invité à se syndiquer. Rappelons que dans d'autres pays européens, la situation est radicalement différente : être syndiqué est indispensable pour bénéficier de certains droits ou pour être défendu.

Cependant, dans notre pays, il y a de bonnes raisons de se syndiquer.

Être syndiqué, c'est accéder à des informations et conseils liés à son emploi et son travail. C'est pouvoir être défendu en cas de litige avec l'employeur, pouvoir participer aux discussions et décisions prises par son organisation syndicale, donner son avis sur la liste des candidats présentés aux élections professionnelles, réfléchir avec d'autres aux propositions à soumettre à la direction de l'entreprise, donner son point de vue sur une négociation en cours. C'est aussi bénéficier d'informations sur l'entreprise, sur son environnement, et donc mieux comprendre le monde dans lequel nous vivons.

Se syndiquer, c'est passer à une forme active de la vie sociale de l'entreprise ou de l'administration où l'on travaille et agir en amont sur les décisions qui seront prises. C'est aussi renforcer l'action des syndicats et rendre les négociations plus équilibrées, participer à un climat social où la voix des salariés peut se faire entendre sur les sujets collectifs comme sur les situations individuelles.

Enfin, c'est assumer sa part de responsabilité et de solidarité. Les syndicats et les élus sont mobilisés sur de nombreuses missions. Le résultat de leur travail est utile à tous mais seule une faible partie des salariés payent leur cotisation au syndicat, participent aux discussions pour décider de leur positionnement et apportent ainsi leur contribution à ce qui est un intérêt commun. On ne peut pas rester indéfiniment dans une société où l'on considère que le résultat du travail de ceux qui agissent au nom de l'intérêt commun est gratuit.

La représentation nationale, consciente de la contribution des organisations syndicales à l'intérêt général, a choisi d'encourager l'adhésion à un syndicat en accordant une réduction d'impôt et depuis peu un crédit d'impôt.

3 *« Les entreprises n'ont pas besoin d'organisations patronales »*

► Grave erreur !

La très grande majorité des entreprises sont petites ou moyennes. Un dirigeant, quelles que soient ses qualités et celles de son équipe, ne peut pas maîtriser tous les problèmes qu'il rencontre concernant le respect de la législation sociale, fiscale ou environnementale, des règles d'accès à un marché public, etc. Il ne peut pas non plus traiter seul des éléments structurants comme les garanties collectives des salariés ou la promotion de son secteur d'activité pour y attirer des salariés motivés[6]. Une représentation collective est donc nécessaire.

C'est pourquoi des organisations patronales se sont constituées en branches professionnelles et sont présentes sur le territoire afin d'offrir aux entreprises un service de proximité qui réponde directement à leurs besoins immédiats.

Elles jouent aussi un rôle de représentation collective dans les relations avec les pouvoirs publics territoriaux ou nationaux pour soutenir le développement économique d'une branche, d'une filière ou d'un territoire, s'exprimer sur les projets de loi et les règles complexes qui régissent leurs activités, participer aux négociations sociales au niveau des branches et au plan interprofessionnel ainsi qu'assurer la gestion d'un certain nombre d'institutions paritaires utiles à elles-mêmes et à leurs salariés (voir idées fausses n° 56 à 58).

Ces organisations sont également des lieux de rencontres et de constitution de réseaux pour des chefs d'entreprise parfois trop isolés. Ils peuvent y trouver un environnement propice à la prise de recul sur leur situation ainsi que des occasions d'échanges très concrets autour de leurs expériences respectives.

Derrière les sigles des organisations, ce sont plusieurs dizaines de milliers de chefs d'entreprise qui se mobilisent, en complément de leurs activités professionnelles directes, pour faire vivre ces structures et assurer ces missions.

---

6. Jean Paul Guillot, Dominique Anne Michel, *Les petites entreprises dans le dialogue social*, Ivry-sur-Seine, Les Éditions de l'Atelier, 2012.

4 « Patronat et syndicats défendent leurs intérêts, pas ceux des entreprises et des salariés »

▶ **Faux.**

La tâche la plus importante d'une organisation syndicale, qu'elle soit d'employeurs ou de salariés, est d'être en lien avec les personnes qu'elle représente et de défendre leurs intérêts.

Les rencontres avec leurs mandants, l'élaboration de dossiers, les concertations ou les négociations répondent à cette mission initiale. Les positions défendues ont été discutées et décidées avec leurs adhérents et prennent en compte les intérêts de ceux-ci.

Les entreprises qui sont adhérentes des organisations patronales s'assurent que ces dernières se font réellement l'écho de leurs préoccupations et qu'elles relaient leurs intérêts.

En ce qui concerne les syndicats de salariés, ceux qui ont le pouvoir de décision sont les responsables de syndicats d'entreprises (ou de syndicats multi-entreprises) qui associent leurs adhérents aux discussions. Ils sont aussi attentifs aux points de vue des salariés qui sont leurs électeurs et qui, par leur vote, décident de leur représentativité et peuvent ainsi sanctionner les organisations qui ne se préoccupent pas d'eux.

Les dirigeants d'organisations patronales ou syndicales doivent rendre compte de ce qu'ils font, du travail accompli et des résultats obtenus. Leurs mandats sont régulièrement soumis au vote de leurs adhérents à l'occasion des congrès de leurs organisations.

Une organisation patronale a pour mission la défense de l'ensemble des entreprises de son champ professionnel et de l'ensemble de l'économie. Une organisation syndicale de salariés doit penser à l'intérêt de tous les travailleurs, y compris ceux qui ne sont plus ou pas en activité. La prise en compte de l'intérêt plus large que celui de leurs seuls adhérents peut générer des conflits entre les dirigeants des organisations et ceux qu'ils représentent.

Syndicats de salariés et organisations d'employeurs défendent aussi l'existence et les prérogatives de leurs propres organisations. Ce n'est pas choquant pourvu que cela ne se fasse pas au détriment de la mission d'intérêt général qui est la leur. Des responsables, voire des organisations, mettent parfois, il est vrai, beaucoup d'énergie à défendre leur propre situation et oublient leur raison d'être principale. C'est un phénomène qui guette toute organisation et qui oblige à rester vigilant.

5 *« Les syndicalistes n'écoutent pas les salariés »*

▶ Ils le font bien plus qu'on ne le croit.

L'immense majorité des élus et représentants syndicaux sont des salariés comme les autres. Ils passent l'essentiel de leur temps à s'acquitter de leur travail. S'ils disposent en principe d'heures de délégation, ils ne peuvent pas toujours les prendre compte tenu des objectifs professionnels à tenir ou de la difficulté à se faire remplacer en cas d'absence par exemple. On estime qu'en moyenne près d'un tiers des heures de délégation ne sont pas utilisées. Le temps disponible pour aller rencontrer et écouter formellement les salariés est donc limité.

Les syndicats ont largement intégré cette situation. Si les représentants des salariés doivent assurer leurs obligations professionnelles, ils éprouvent le besoin de connaître les points de vue des salariés, d'autant que l'individualisation des missions et les modifications incessantes des organisations du travail obligent à se réinterroger fréquemment. Face à ces constats, ils ont développé des pratiques d'enquête et de sondage dans les entreprises et administrations. Certains syndicats forment leurs militants ou leur fournissent des appuis pour rédiger correctement les enquêtes, savoir tirer les enseignements des réponses des salariés, communiquer sur celles-ci. Certaines de ces enquêtes sont menées à grande échelle pour toute une profession ou une catégorie spécifique de salariés au niveau national ou sectoriel. La pratique du référendum à l'issue d'une négociation pour connaître l'avis des salariés avant une signature est parfois utilisée. Certains élus s'organisent avec les adhérents de leurs syndicats pour bien connaître les avis des salariés et aller au-delà d'une simple enquête.

On trouvera chez les syndicalistes comme partout ailleurs des personnes plus préoccupées de défendre leur point de vue que d'écouter et de comprendre ce que pensent ceux qui les ont élus mais ce n'est pas une généralité. Bien au contraire, les élus jouent un rôle indispensable de relais des préoccupations des salariés.

Ces derniers ne s'y trompent pas et, lors des élections professionnelles, ils élisent des représentants qui savent les écouter. Par ailleurs, depuis la réforme de la représentativité de 2008, les syndicats qui n'ont pas recueilli au moins 10 % des voix des salariés ne sont pas représentatifs et ne peuvent plus négocier. Dès lors, les situations contestables où des délégués syndicaux pouvaient exercer leur mandat sans lien avec les salariés deviennent de plus en plus rares. La loi de juillet 2010 portant rénovation du dialogue social dans la fonction publique aboutit au même résultat.

Il est extrêmement dommage que peu d'entreprises reconnaissent dans le parcours professionnel les compétences acquises par les élus dans l'exercice de leur mission. Elles découragent les bonnes volontés et se privent de compétences utiles. Cependant, la loi relative au dialogue social et à l'emploi du 17 août 2015 contient un certain nombre de dispositions comme la valorisation des acquis de l'expérience (VAE) ou l'entretien professionnel qui, si elles sont mises en œuvre, pourraient progressivement modifier cette situation.

6 *« Les organisations patronales sont loin des préoccupations des entreprises »*

► **Faux.**

La première préoccupation d'un chef d'entreprise est d'assurer un bon niveau d'activité et de délivrer des produits et services appréciés par ses clients. Il est donc essentiel pour lui d'être libéré le plus possible de sujets qui ne sont pas dans son « cœur de métier ». C'est pour cela qu'il apprécie en général les services des structures locales ou sectorielles de son organisation patronale.

Il est essentiel aussi que des organisations représentatives interviennent sur des sujets qui ne peuvent être traités au niveau d'une seule entreprise. Pour ce qui est des négociations de branches et interprofessionnelles ou des consultations organisées par les pouvoirs publics, les organisations patronales prennent en compte autant que possible la très grande diversité des entreprises qu'elles représentent. Cela n'est pas aisé car elles n'ont pas toutes le même intérêt sur un sujet donné en fonction de leur taille, leur structure, leur secteur d'activité, le territoire dans lequel elles sont implantées, etc.

Afin de préparer au mieux ces activités nationales et de les mener ensuite à bien, sur le terrain, les organisations patronales représentatives ont constitué un maillage (voir idée fausse n° 3) territorial et par branches pour écouter les chefs d'entreprise, déterminer les activités qui leur paraissent les plus utiles et relayer leurs propositions ou revendications. Elles ont ainsi les éléments pour tenir leur rôle dans la société civile en portant des propositions tenant compte des attentes des préoccupations des entreprises. Les démarches de rapprochement avec les universités et le système éducatif en général en sont un exemple.

7 « Les organisations syndicales et patronales n'offrent aucun service à leurs adhérents »

▶ **Faux.**

Apporter des solutions aux préoccupations des salariés ou des entreprises constitue en soi un service rendu par les organisations syndicales et patronales à leurs adhérents, et c'est même le plus important de tous. Dans les faits, ce service prend des formes différentes selon qu'il s'agit de syndicats de salariés ou d'organisations d'employeurs.

En ce qui concerne les organisations de salariés, le premier service rendu à leurs adhérents, c'est le travail fourni en matière de représentation au sein de l'entreprise. Il comprend les médiations menées avec la hiérarchie ou la direction, la remontée et la recherche de solutions aux problèmes soulevés, la conduite des négociations, les informations adressées spécifiquement aux adhérents, etc. Il est vrai qu'à ce niveau, la qualité du service rendu est variable selon les organisations et les situations locales. Le plus souvent, les syndicats font peu de différence entre les services rendus aux adhérents et aux non-adhérents, considérant qu'ils sont au service de tous les salariés.

Si le contact direct entre syndicat et adhérent est essentiel, le problème principal concerne les 8 millions de salariés qui travaillent dans des entreprises (essentiellement les plus petites) où il n'y a aucune présence syndicale. Dans ces cas-là, les salariés doivent se rendre dans les permanences locales ou contacter un responsable syndical par téléphone ou via un site Internet.

Des syndicats ont développé depuis longtemps des services plus spécifiques en direction de leurs adhérents, mais la situation est très hétérogène. Selon les organisations, les adhérents peuvent avoir accès à un soutien juridique, un bilan de carrière, une aide en cas de création d'entreprise, une assurance professionnelle, une caisse de grève ou un service téléphonique direct. Si les syndicats n'assurent pas de manière égale ces différents services, ils organisent tous des formations pour leurs adhérents et leur diffusent des informations sur leurs droits sociaux et sur le monde du travail.

En ce qui concerne les organisations patronales, elles relaient elles aussi les demandes de leurs adhérents. Elles représentent et défendent l'intérêt de leurs mandants dans les différents lieux de concertation et de négociation. Leur service le plus visible est certainement le *lobbying* réalisé pour obtenir la baisse des prélèvements (fiscaux et sociaux) et l'assouplissement du droit du travail. Les organisations patronales développent également des services très actifs de décryptage et de conseil du cadre légal et/ou conventionnel. Beaucoup d'entre elles disposent de services juridiques conséquents au service de leurs adhérents. Comme les syndicats de salariés, elles réalisent (ou font réaliser) des études dont les conclusions sont utiles aux adhérents.

Par ailleurs, les organisations patronales et syndicales représentent et défendent les intérêts des entreprises et des salariés dans de nombreux lieux de concertation comme les Conseils économique, social et environnemental national (CESE) et régionaux (CESER), la conférence nationale de l'industrie, le comité stratégique des filières industrielles, le comité de suivi des aides publiques, ainsi que dans de nombreux lieux de négociation à plusieurs niveaux.

Sur le terrain, employeurs et syndicats défendent la pérennité de leurs entreprises et les intérêts des salariés. Mais ils ont aussi besoin de dispositifs décidés par les partenaires sociaux et/ou les pouvoirs publics au niveau régional, national, européen, voire international comme dans le cadre de l'Organisation internationale du travail (OIT). Le rôle des organisations syndicales d'employeurs et de salariés est de représenter les intérêts de leurs mandants à ces différents niveaux : il s'agit d'une mission d'intérêt général au service de tous et en premier lieu de leurs adhérents respectifs.

8 *« Les organisations syndicales et patronales ne s'intéressent pas aux jeunes »*

► Il faut nuancer.

Comme toutes les structures, les partenaires sociaux sont affectés par des phénomènes de société.

Dans les premières décennies qui ont suivi la Seconde Guerre mondiale, les jeunes étaient assez fréquemment engagés dans des mouvements de jeunesse. Au-delà de la variété des obédiences, ils y apprenaient les éléments de base de la vie collective. Depuis une trentaine d'années, ces mouvements se sont affaiblis et les nouvelles générations sont arrivées sur le marché du travail dépourvues de cette expérience qui représentait un véritable complément de formation. Leur engagement dans des syndicats d'employeurs ou de salariés leur apparaît moins évident que pour les générations précédentes. Dans le même temps, les parcours scolaires et universitaires ne donnent quasiment aucune place à la connaissance du rôle des partenaires sociaux et du dialogue social. Les jeunes arrivent donc sur le marché du travail, comme salarié, cadre ou créateur-chef d'entreprise sans aucune notion en la matière. Toutes les organisations doivent s'y adapter.

Parallèlement, nous sommes passés d'un niveau de chômage de l'ordre de 2 % avant le premier choc pétrolier de 1973 à plus de 10 % aujourd'hui. Ce mouvement s'est accompagné d'une forte montée du chômage des moins de vingt-cinq ans : un quart de ceux qui ne sont plus en formation sont actuellement en recherche d'emploi.

Pour ce qui est des jeunes créateurs d'entreprise, les difficultés inhérentes aux premières phases d'émergence et de développement de leur projet ne leur laissent guère la disponibilité et les moyens pour s'engager dans le syndicalisme patronal. Toutefois, le Centre des jeunes dirigeants (CJD), créé en 1938, compte aujourd'hui environ 4 500 adhérents.

En ce qui concerne les jeunes salariés, les débuts de carrière professionnelle sont de plus en plus tardifs. Ils sont marqués le plus souvent par une succession de contrats courts qui ne leur permettent guère de nouer des liens avec les sections syndicales. Toutefois, beaucoup d'organisations syndicales ont créé des structures dédiées à la jeunesse et certaines d'entre elles coopèrent avec des organisations de jeunes.

Le développement des effectifs de l'enseignement supérieur a entraîné une forte augmentation des demandes de stages dans les entreprises ou les administrations. Là encore, il s'agit de durées le plus généralement courtes (entre un et six mois) qui ne favorisent guère les contacts avec les organisations syndicales, lorsqu'elles sont présentes.

Pour ce qui est de ces stagiaires, et plus largement de l'entrée des jeunes dans la vie active, les négociations nationales interprofessionnelles ont permis de mettre en place, par accords, des garanties ou des aides (type d'emplois, indemnité, salaire minimum pour les contrats emploi formation, prise en charge des transports ou des déjeuners, etc.). S'ils ne sont pas adhérents, ces jeunes constituent donc néanmoins un réel sujet de préoccupation syndicale.

Le fonctionnement des organisations syndicales d'employeurs et de salariés est assez peu attractif pour les jeunes générations. Les unes et les autres en ont pris la mesure et déploient, chacune à leur manière, des efforts pour comprendre les attentes des jeunes et les intéresser à leurs activités (sans nécessairement leur demander de s'engager pour une durée aussi longue que les anciennes générations). Il s'agit pour les organisations syndicales de proposer des formations à ces jeunes, d'accélérer la rotation des mandats pour leur permettre de prendre des responsabilités, et de faire évoluer les manières d'agir en tenant compte des modes de vie et d'expression de leurs générations.

Depuis de nombreuses années, les organisations patronales et des entreprises ont engagé des actions pour rapprocher l'école et le monde du travail, sensibiliser les jeunes à l'apprentissage, l'alternance et l'entrepreneuriat.

Dans la fonction publique, et notamment dans l'enseignement, les syndicats s'efforcent d'être très présents dans les écoles et instituts de formation et d'apporter aux débutants des services spécifiques.

9 *« Les syndicats ne se préoccupent pas des chômeurs »*

Ce n'est pas vrai.

L'opposition des syndicats à la défiscalisation et à l'exonération de charges sociales des heures supplémentaires mise en place en 2007 (voir idée fausse n° 37) est un exemple parmi d'autres qui montre clairement leur volonté de prendre en compte la situation des chômeurs. En effet, l'exonération des charges sociales sur les heures supplémentaires entraînait d'une part une absence de cotisations sociales et, d'autre part, une sorte de prime à la non-embauche de nouveaux salariés. Ces mesures avaient un intérêt pour les salariés qui pouvaient faire des heures supplémentaires et ainsi arrondir leurs fins de mois. En s'y opposant, les syndicats ont clairement fait le choix de l'intérêt de ceux qui sont à la recherche d'emploi plutôt que de ceux qui en ont un.

Notre pays connaît depuis trop longtemps une dualité du marché du travail qui sépare d'un côté les salariés à statut dit stable (CDI et fonction publique notamment) et de l'autre les chômeurs et les précaires (voir idée fausse N° 41). Les syndicats sont souvent accusés de ne défendre que les premiers. Or la réalité est largement différente. Si les syndicalistes, présents sur les lieux de travail, accompagnent quotidiennement les salariés et côtoient moins ceux qui sont plus éloignés de l'emploi, cela ne veut pas dire qu'ils s'en désintéressent.

Les syndicats jouent un rôle important dans les négociations des droits des chômeurs et précaires, en premier lieu dans la construction des droits à l'assurance chômage (Unédic). Cette dernière est financée par les cotisations des employeurs et des salariés, ce qui démontre bien une forme de solidarité entre ceux qui ont un emploi et ceux qui en sont privés. Les droits des salariés privés d'emploi ont été régulièrement améliorés au fil des ans. Mais le niveau de ces droits est-il satisfaisant ? Les avis sont divers. « Non, loin s'en faut », disent certains. « Les aides sont trop généreuses », rétorquent d'autres. Mais toutes les organisations de salariés et d'employeurs dépensent beaucoup de temps et d'énergie pour que le meilleur service possible soit apporté aux demandeurs d'emploi. Dans la fonction publique, les organisations syndicales négocient régulièrement des accords visant à réduire l'emploi précaire[7].

Les syndicats mettent en œuvre des pratiques diverses quant à l'organisation des demandeurs d'emploi. Certaines ont créé en leur sein des structures spécifiques afin de leur permettre de mieux se faire entendre. D'autres leur proposent de s'organiser dans les structures syndicales qui étaient les leurs lorsqu'ils étaient salariés, prouvant ainsi l'intérêt porté par les diverses

---

7. Le dernier accord, négocié en 2011, a été traduit en mars 2012 dans une loi qui vise à améliorer l'accès à la titularisation d'agents contractuels et redéfinit les conditions de recours aux agents contractuels dans les trois versants de la fonction publique.

organisations à ceux qui sont exclus du monde du travail.

10 *« Les salariés des entreprises sous-traitantes n'intéressent ni les syndicats ni les entreprises donneuses d'ordres »*

► C'est loin d'être le cas partout, mais il est vrai que ce problème se pose.

Au cours des dernières décennies, la sous-traitance, le recentrage sur le « cœur » de métier et l'externalisation de tout ce qui pouvait l'être (gardiennage, entretien, nettoyage, informatique, etc.) s'est généralisé. Les écarts de statuts et de protections entre les salariés du « cœur » et ceux des entreprises périphériques se sont accrus. Les premiers sont plutôt dans la grande entreprise ou dans celles ayant une expertise technique indispensable au fonctionnement des entreprises. Les seconds sont souvent chargés des activités les plus pénibles, voire les plus dangereuses ou les moins qualifiées.

Très souvent, les chefs d'entreprise ne prennent pas ou peu en compte les conditions dans lesquelles travaillent les salariés des entreprises avec lesquelles ils passent contrat. Ils font de la baisse des coûts de l'activité sous-traitée une priorité et ne se considèrent pas responsables de l'attitude de leurs prestataires. La sous-traitance d'activités dangereuses ou celles dont l'avenir est incertain est bien loin de ce que revendique la responsabilité sociale des entreprises (RSE). Des entreprises et parfois des syndicalistes ne s'intéressent qu'à leurs propres électeurs et se préoccupent peu des conditions des salariés de l'extérieur.

Mais tous ne font pas preuve d'indifférence : des entreprises incluent des clauses sociales dans les contrats de sous-traitance ; d'autres mettent leurs services à disposition de leurs sous-traitants quand ceux-ci sont confrontés à des problèmes d'emploi pour leurs salariés. Sur les grands chantiers (construction de paquebots à Saint-Nazaire, de l'EPR à Flamanville, terminal méthanier à Dunkerque, par exemple), les syndicats des grandes entreprises agissent (y compris devant la justice) pour que les conditions d'emploi et de travail des sous-traitants soient les meilleures possibles. De même, dans les branches professionnelles et les territoires, représentants patronaux et syndicaux s'attachent à prendre en compte les intérêts du secteur professionnel qui dépassent le seul intérêt de telle ou telle entreprise. On peut citer par exemple le secteur de la construction automobile où, face à une grave crise, syndicats et patronat du secteur ont conclu un accord prenant en compte toutes les entreprises et tous leurs salariés : constructeurs, équipementiers, sous-traitants.

L'absence de beaucoup de ces entreprises sous-traitantes dans les activités des branches professionnelles et la faiblesse du dialogue social en leur sein (voir idée fausse n° 11) aboutissent à une moins bonne prise en compte des réalités de ces entreprises dans les accords collectifs. C'est dommageable pour ces entreprises et les salariés concernés.

11 *« Les partenaires sociaux ignorent les TPE-PME »*

▶ **C'est encore trop vrai.**

Les structures de moins de cinquante salariés représentent plus de 98 % du total des entreprises et emploient plus de 50 % des salariés français. Dans 80 % des entreprises de 20 à 49 salariés, il n'y a pas de délégué syndical et, dans 35 % des cas, il n'y a ni délégués du personnel ni représentants syndicaux[8]. Plusieurs millions de salariés ne sont donc pas couverts par une forme de représentation collective.

Globalement, les droits des salariés des TPE et PME restent inférieurs aux autres salariés ce qui ne favorise pas l'attractivité de ces entreprises[9].

Une partie des patrons de TPE-PME refusent de voir le syndicalisme se déployer dans leur entreprise, estimant que leurs relations directes avec les salariés (qui peuvent être bonnes) suffisent. Ils oublient que l'autorité qu'ils exercent influence cette relation directe et se privent ainsi d'une représentation collective et autonome des salariés qui leur permettrait d'avoir dans les branches et au plan national des interlocuteurs connaissant bien les spécificités de ces petites entreprises.

---

8. Source : enquête Réponse de la DARES qui porte sur les années 2010 et 2011. Les taux sont respectivement de 90 % et de 63 % pour les entreprises de 11 à 19 salariés.

9. Jean-Paul Guillot, Dominique-Anne Michel, *Les petites entreprises dans le dialogue social, op. cit.*

Par ailleurs, les patrons des TPE-PME sont trop souvent accaparés par la gestion de leur entreprise pour pouvoir se consacrer au travail syndical sur le plan national. Ce sont donc des permanents ou des représentants des grandes entreprises qui constituent l'essentiel des négociateurs.

Dans les branches et les territoires – qui recouvrent des entreprises de toutes tailles et aux intérêts divergents –, les représentants patronaux ou salariés des TPE-PME font donc bien souvent défaut. La présence syndicale étant mieux acceptée dans les grandes entreprises et la fonction publique, ce sont très souvent des délégués issus de ces dernières qui représentent les salariés dans les instances de branches. Du côté des employeurs, c'est souvent la grande entreprise qui a les moyens d'y déléguer des collaborateurs.

Cependant, des secteurs professionnels ont réagi à cette situation en concluant avec les syndicats de salariés la mise en place de structures organisant le dialogue dans l'ensemble du secteur, y compris au sein des petites entreprises : la Fédération nationale des syndicats d'exploitants agricoles (FNSEA) et les syndicats de salariés ont organisé depuis des décennies la représentation des employeurs et des salariés au plan national et dans des structures départementales pour l'agriculture. En 2001, l'Union professionnelle artisanale (UPA) a conclu un accord avec toutes les organisations représentatives pour organiser des commissions paritaires régionales et assurer leur financement. Plus récemment, deux organisations d'employeurs composées pour une grande part de TPE-PME ont trouvé un accord avec les syndicats pour organiser le dialogue social en tenant compte de leurs spécificités : il s'agit de l'Union des employeurs de l'économie sociale et solidaire (UDES) et de l'Union nationale des professions libérales (UNAPL).

En vertu de la loi d'août 2015 relative au dialogue social et à l'emploi, les futures régions compteront une commission paritaire régionale chargée d'un rôle d'information et de conseil auprès des salariés et de traiter les problématiques de ressources humaines comme l'emploi, la formation, les conditions de travail, l'égalité professionnelle, etc. Chaque commission sera composée de dix représentants patronaux et de dix représentants syndicaux. Ces derniers ne disposeront que de cinq heures de délégation par mois : c'est vraiment très peu pour assumer ces missions.

Si des progrès ont été faits, il reste donc un long chemin à parcourir pour un véritable changement de culture, une pratique régulière du dialogue social et une meilleure intégration des chefs d'entreprise et des salariés des TPE-PME dans les négociations. C'est pourtant ce qui permettra que leurs spécificités soient bien prises en compte dans les négociations nationales et de branche.

12 *« Les salariés se font élire pour être protégés et progresser plus vite dans leur carrière »*

▶ **Faux.**

Même s'il y a quelques contre-exemples, l'expérience montre que pour progresser rapidement, il vaut mieux choisir une autre voie que celle de représentant du personnel.

Sur ce sujet, le point de vue des élus eux-mêmes est éclairant. Une étude de 2009[10] a recueilli le sentiment d'élus dans des entreprises de plus de cinquante salariés quant aux conséquences de l'exercice de ce mandat : 7 % d'entre eux estimaient que leur mandat protégeait leur emploi ; 12 % qu'il le menaçait. Enfin, 80 % des élus interrogés considéraient qu'il n'avait pas d'incidence particulière.

La loi assure une protection des élus. Un employeur doit obligatoirement demander l'autorisation préalable à l'inspection du travail s'il envisage de licencier pour motif personnel ou dans le cadre d'un licenciement économique un élu ou un délégué syndical. Le rôle de l'inspecteur du travail est de vérifier que derrière le motif officiel du licenciement ne se cache pas une mesure discriminatoire visant à se séparer de la personne concernée. Un recours peut être déposé, par l'employeur ou par le salarié concerné, pour contester la décision rendue par ce dernier. L'enquête précédemment citée révèle que, sur la période étudiée, 22 % des entreprises ont formulé une demande de licenciement économique pour des salariés protégés, cette demande étant en moyenne plus élevée (42 %) dans les entreprises de plus de 500 salariés. La plupart de ces demandes rentrent dans le cadre d'un plan de licenciement économique global. Par contre, on peut s'interroger lorsque ces licenciements économiques de délégués sont envisagés dans des entreprises où il n'y pas de suppressions d'emplois. *A contrario*, certains employeurs considèrent que des

10. Étude DARES, 6 février 2009.

salariés cherchent des mandats dans le seul but d'être protégés.

Concernant les possibilités d'évolution professionnelle, la même étude indique que les élus étaient 11 % à considérer que leur mandat les favorisait, tandis que 32 % y voyaient un frein. 56 % d'entre eux considéraient que leur mandat n'influait en rien cet aspect de leur vie professionnelle.

Certaines entreprises ont mené des démarches de reconnaissance des compétences acquises dans l'exercice d'un mandat ou ont mis en place des dispositifs de suivi de la carrière professionnelle des élus afin que la progression moyenne des salaires des élus suive l'évolution de celle de l'ensemble des salariés. *A contrario*, des procédures judiciaires ont conclu à des attitudes discriminatoires d'employeurs vis-à-vis des mandatés, conduisant dans certains cas à des indemnisations élevées.

L'élu est souvent amené à prendre sur son temps personnel pour exercer correctement son mandat afin de ne pas trop sacrifier sa vie professionnelle. De plus, il lui faut très souvent gérer des relations difficiles avec sa hiérarchie directe qui considère – non sans raison puisque les absences pour l'exercice du mandat peuvent compliquer l'organisation des équipes – qu'avoir un élu dans son service lui complique la vie. S'il y a quelques désagréments, il y a aussi de vraies satisfactions : se sentir utile, traiter avec d'autres des problèmes qui en valent la peine, être en relation avec beaucoup de personnes, mieux connaître le fonctionnement de l'entreprise et son environnement, développer ses capacités et assumer des responsabilités.

13 *« Tout salarié devrait pouvoir se présenter au premier tour des élections professionnelles, qu'il soit ou non syndiqué »*

► **C'est une fausse bonne idée.**

Notre droit donne une place prépondérante aux organisations syndicales ; le monopole de présentation de candidats au premier tour des élections professionnelles en fait partie, ce n'est ni un hasard ni un privilège.

Les élections professionnelles permettent aux salariés de désigner leurs représentants et tout salarié peut légitimement avoir envie de proposer sa candidature à ces élections. Le premier tour des élections est réservé aux candidats présentés par un « syndicat légalement constitué ». La loi actuelle est en effet beaucoup plus souple que la précédente qui réservait le premier tour aux candidats présentés par les seuls syndicats reconnus comme représentatifs. Si un salarié qui veut se présenter au premier tour ne le peut pas, cela signifie qu'il n'a trouvé aucun syndicat qui lui convienne ou qui accepte de le présenter.

La règle actuelle a un objectif simple : protéger les salariés qui veulent être candidats des éventuelles pressions exercées par leur employeur.

Il y a de nombreuses entreprises, petites ou moyennes, sans représentation des salariés. Dans certaines, il n'y a pas de candidats prêts à se présenter sur une liste syndicale. Dans d'autres, l'employeur tente de dissuader les candidats, quitte à aller jusqu'à une procédure de licenciement. Il arrive aussi dans ces cas-là que l'employeur fasse pression pour inciter les salariés à ne pas aller voter au premier tour et choisisse lui-même ceux qui se présenteront au deuxième tour réduisant ainsi fortement le libre choix des salariés.

Si les salariés ne font pas confiance aux candidats présentés, alors ils ne vont pas voter et un deuxième tour[11] leur permet de se prononcer pour un candidat de leur choix. L'obligation d'être présenté par un syndicat au premier tour n'est donc pas une entrave à leur choix.

Le vote des salariés pour des candidats présentés par des syndicats sert aussi à déterminer la représentativité syndicale (voir idée fausse n° 1) dans les branches professionnelles et au niveau interprofessionnel et il est important qu'un maximum de salariés expriment, lors de ce premier tour, leur choix quant aux syndicats qui doivent les représenter à ces niveaux.

14 *« Il n'est pas normal que les entreprises financent les syndicats via le chèque syndical »*

▶ Cette piste mérite d'être sérieusement étudiée.

Le niveau des adhésions est bas. Tout ce qui peut favoriser sa remontée doit donc être envisagé.

Le chèque syndical a vu le jour il y a une quinzaine d'années dans quelques entreprises mais l'expérience

---

11. Si moins de la moitié des électeurs inscrits participent au premier tour, aucun candidat n'est élu et un deuxième tour ouvert à tous est organisé.

reste très limitée. Le principe est simple. Chaque salarié reçoit de son entreprise un chèque qu'il peut ou non remettre au syndicat de son choix qui y est présent. Le syndicat est crédité par l'entreprise du montant des chèques qu'il a reçu. L'opération est anonyme : le salarié peut donner son chèque sans se faire connaître et si l'employeur sait combien de chèques ont été récoltés par un syndicat, il ignore qui sont les donateurs.

Le chèque syndical présente quelques avantages.

Il favorise la participation de l'employeur au développement de la syndicalisation et, de ce fait, au dialogue social. Il pousse les syndicats à aller à la rencontre des salariés et à entretenir avec eux des relations soutenues.

Mais il a aussi des limites.

S'il peut favoriser l'adhésion, rien n'est automatique. Le syndicat peut se contenter d'encaisser les chèques sans se soucier de nouer des liens dans la durée avec les salariés.

Par ailleurs ce sont les entreprises qui financent l'adhésion aux organisations patronales.

Il est tout à fait envisageable qu'une discussion s'engage entre partenaires sociaux afin de voir ce qu'il faudrait modifier pour réduire les limites, renforcer l'intérêt potentiel et écouter les arguments de ceux qui sont assez hostiles au principe du chèque syndical. La discussion pourrait déboucher sur des propositions à expérimenter en vue de la généralisation d'une nouvelle forme de chèque syndical.

Le refus de l'innovation en la matière serait dommageable. Le nombre d'adhérents des syndicats est faible et régresse au fil du temps, tous le reconnaissent. Or patronat et syndicats ont tout intérêt à ce que se développent des organisations regroupant massivement les salariés. Cela favoriserait une forte représentativité et un dialogue fructueux.

DEUXIÈME PARTIE

LE DIALOGUE SOCIAL ET LA PRATIQUE DES ACTEURS SOCIAUX NUISENT À LA PERFORMANCE DES ENTREPRISES ET DES ADMINISTRATIONS

15 *« Les salariés français font beaucoup trop souvent grève »*

▶ **Il y a des légendes qui ont la vie dure.**

L'écho médiatique de certaines grèves, notamment dans les transports, peut sans doute faire illusion mais ne reflète pas la réalité.

Eurofund a réalisé une étude sur le nombre moyen de jours de grèves par pays [1]. Elle met en garde sur la signification des chiffres liés à des méthodes de recueils de données nationales qui ne sont pas homogènes, avec des spécificités culturelles dans chaque pays. Il faut donc les prendre comme un ordre de grandeur permettant d'apprécier des tendances et non comme des références absolues.

D'après cette étude, sur la période 2005-2009, les salariés français font grève moins d'une heure par an (132 jours de grève par an pour 1 000 salariés, contre 160 au Danemark, par exemple). Cela représente 0,04 % de leur temps de travail et beaucoup moins si l'on isole quelques secteurs où le recours à la grève est plus fréquent qu'ailleurs. Même s'il s'agit d'un ordre de grandeur et non d'une référence absolue, on voit bien que les salariés français sont très loin de passer leur temps à faire grève.

---

1. Étude Eurofound publiée le 24 août 2010. Eurofound est l'agence européenne pour l'amélioration des conditions de travail. Elle est tripartite (États membres, salariés, employeurs). *Cf.* www.eurofound.europa.eu.

En France comme ailleurs, au cours des décennies écoulées, le recours à la grève a fortement évolué et reculé. Autrefois moyen quasi unique pour faire entendre sa voix et exercer une pression économique, il est aujourd'hui un moyen d'action parmi beaucoup d'autres dans des rapports économiques et sociaux de plus en plus complexes[2]. En France, les années 2003 et 2010, qui ont été le cadre des réformes du régime des retraites, ont connu des pics de jours de grève. Ces deux années ne sont pas comparables mais le nombre de jours de grève y a été environ trois fois plus élevé que celui des années voisines.

Cependant, le développement des accords de prévision des conflits ou d'alerte sociale mis en place notamment dans des entreprises publiques porte ses fruits et le nombre de jours de grève est sur une nette tendance à la baisse depuis des années.

Les spécificités nationales ou sectorielles, le type de relations sociales et les modes de gestion des conflits peuvent expliquer des recours variables à la grève. Il y a aussi des moments particuliers de la vie économique et sociale (restructuration, conditions de travail et d'emploi) qui sont des facteurs déclenchants. Cependant, la plupart des responsables syndicaux et la grande majorité des salariés n'y ont recours que lorsque les autres possibilités ont échoué ou que la situation est particulièrement grave.

Quoi qu'il en soit, le droit de grève, reconnu dans la Constitution, est une des caractéristiques des démocraties. C'est une conquête sociale, un droit loin d'être reconnu dans le monde entier.

---

2. Guy Groux, Jean-Marie Pernot, *La grève*, Paris, Les Presses de Sciences Po, 2008.

16 « Les grévistes empêchent leurs collègues de travailler »

▶ **C'est très rare.**

Le recours à la grève est souvent le signe d'un dysfonctionnement, voire d'une absence de dialogue social.

Faire grève n'est jamais une partie de plaisir et entraîne la perte du salaire pour les jours non travaillés. La plupart des syndicalistes mesurent le danger qu'il y a à s'y engager en faisant fi du point de vue des salariés ou en courant le risque d'affrontement avec ceux qui y seraient opposés.

Une grève dans une entreprise ou dans une administration peut avoir des conséquences pour les salariés ou les agents non-grévistes au sein de l'entité de travail. Elle peut aussi en avoir pour des salariés d'autres entreprises, pour des clients ou des usagers. Plus le secteur en grève concerne un nombre élevé d'usagers ou de clients, plus les conséquences peuvent être importantes. Le nombre de jours de grève en France est en recul régulier et est bien inférieur à ce que l'on imagine souvent (voir idée fausse n° 15).

Dans la grande majorité des cas, les syndicats consultent leurs adhérents, voire les salariés, sur le bien-fondé et les modalités d'une cessation du travail et sur la nécessité d'une consultation préalable formelle des salariés. Des syndicats n'engagent une grève que si un nombre significatif de salariés y sont favorables. Dans la plupart des cas, il s'agit d'appels pour une durée limitée et ceux qui ne souhaitent pas y souscrire sont libres de travailler.

Bien sûr, les tensions éventuelles entre grévistes et non-grévistes ne sont pas simples à gérer, les grévistes considérant qu'ils en supportent les conséquences alors que les non-grévistes en tireront malgré tout les éventuels bénéfices. Des non-grévistes peuvent être en désaccord avec l'objet ou considérer qu'une action de ce type est malvenue. Les syndicats, dans tous les cas, savent qu'aux prochaines élections, ils auront des comptes à rendre s'ils ont développé des pratiques ne respectant pas les salariés.

Il arrive aussi que des salariés se mettent spontanément en grève en dehors de tout appel des syndicats et ces derniers ne sont pas toujours bien accueillis lorsqu'ils viennent proposer leurs services.

Dans certains cas de difficultés importantes (restructuration lourde, plan de licenciement), des situations violentes (heureusement rares) peuvent se présenter. Il arrive alors que des syndicats poussent au blocage en faisant fi des oppositions des salariés. Dans de très rares cas, les salariés peuvent être dans une telle situation de détresse et voir leurs souffrances si peu prises en compte qu'ils recourent à la menace de destruction de matériels.

17 *« Les grèves prennent les usagers en otage »*

N'exagérons rien !

L'usage du mot « otage » est pour le moins inapproprié. Un usager gêné par une grève ne se trouve pas dans la même situation qu'une personne détenue au péril de sa vie par un groupe armé.

Pour les organisations syndicales, la grève n'est pas un objectif mais un moyen reconnu par la loi. Certaines n'y appellent qu'en cas d'échec dans la recherche d'un compromis sur un sujet sensible, d'autres pour créer un rapport de force avant l'ouverture d'une négociation. Si toutes considèrent que le droit de grève ne peut être remis en cause et que la prise en compte des usagers est un vrai sujet, elles divergent quant aux conclusions. Concilier méthode de pression sur les décideurs et prise en compte des besoins des usagers est un exercice difficile, à revisiter sans cesse car les contraintes de la société évoluent. Cependant, au fil du temps, le dialogue social a permis de dépasser les clivages. Les procédures d'alerte sociale (qui permettent d'explorer les solutions aux problèmes posés et limitent de fait le recours à la grève en cas de blocages persistants) se sont développées, en particulier dans les transports de voyageurs où la RATP a été en pointe. De fait, si les grèves affectant les usagers n'ont pas disparu, elles sont moins fréquentes.

Dans la fonction publique, lorsqu'une organisation syndicale dépose un préavis de grève (obligatoire cinq jours au moins avant la date envisagée), la direction doit ouvrir une négociation sur le thème de la revendication présentée. L'objectif de cette disposition est de chercher à privilégier la négociation à la grève et de limiter ainsi la gêne pour les usagers.

Les lois les plus récentes obligent les salariés du transport de voyageurs ainsi que les agents de certains services publics souhaitant faire grève à se déclarer au moins 24 heures à l'avance pour tenter de concilier exercice du droit de grève et service minimum aux usagers en permettant aux services de s'organiser pour assurer ce dernier. Ces lois restent contestées par certains syndicats.

En Allemagne et en Grande-Bretagne, on voit poindre des grèves menées par des syndicats catégoriels dans le transport. La prise en compte des usagers est mieux assurée lorsque les syndicats de ces secteurs sont membres d'organisations intercatégorielles qui prennent en compte l'intérêt général.

En France, des mesures ont donc été prises pour réduire l'impact sur les usagers. Néanmoins, la grève demeure un droit fondamental et légitime, et il est donc largement excessif de parler de « prise en otage » comme le font si souvent les médias. Lorsqu'aucun accord n'est trouvé et que les usagers « subissent » une grève, les syndicats en partagent d'ailleurs la responsabilité avec les employeurs.

18 *« Les syndicats de salariés refusent de prendre en compte les contraintes économiques des entreprises »*

► **Largement faux.**

Dans des entreprises importantes (Solvay, Saint-Gobain, Renault, PSA, Bosch Vénissieux) ou moyennes de l'industrie (Poclain, STX, Elcom et Norsys, Kem One, Vibratec)[3], employeurs, organisations syndicales et/ou élus ont négocié des accords prenant en compte les difficultés économiques passagères ou structurelles pour soutenir leur développement en intégrant les questions sociales.

Contrairement à une opinion couramment répandue, aucune organisation syndicale représentative au plan national ne conteste la nécessité pour l'entreprise de réaliser du profit pour assurer son développement pérenne. Leurs interventions portent sur sa constitution (la rémunération des différents facteurs de production) et sa répartition (investissements, réserves, primes ou dividendes).

Certes, il existe encore des dirigeants d'entreprises qui considèrent que les questions économiques sont de leur seul ressort et toutes les sections syndicales d'entreprises ne sont pas à l'aise avec les discussions qui concernent ce domaine.

---

3. *Cf.* Jean-Paul Guillot, Dominique-Anne Michel, *L'Économie, parlons-en ! Cinquante initiatives de dialogue social*, Ivry-sur-Seine, Les Éditions de l'Atelier, 2014.

Obligatoires dans les entreprises de plus de 1 000 salariés, les commissions économiques des comités d'entreprise traitent depuis de nombreuses années de ces questions économiques ; elles se font la plupart du temps appuyer par un expert pour l'analyse des comptes ou des projets structurants. Au niveau de l'entreprise, la place des questions économiques progresse dans les thèmes du dialogue social.

À la suite de l'Accord national interprofessionnel (ANI) de 2013 signé par certaines confédérations syndicales et contesté par d'autres et de la loi de juin 2013, la base de données économiques et sociales (BDES[4]) doit être mise en place depuis le mois de juin 2015 dans toutes les entreprises de plus de cinquante salariés. Cette BDES doit permettre de structurer les informations économiques par grandes thématiques, sur l'année en cours et les deux précédentes et une prévision sur les trois années suivantes. Sa mise en place devrait permettre de nourrir des échanges factuels entre les directions et les représentants des salariés sur les éléments à prendre en compte pour bien comprendre l'environnement (marchés, concurrence, réglementation, évolutions technologiques), et les ressources (humaines, financières, brevets, image) de l'entreprise. Chaque année, la BDES actualisée facilite les échanges et l'anticipation des évolutions à venir. Le regroupement et la restructuration des informations-consultations

4. La BDES est un document unique regroupant les principales informations économiques et sociales et donnant une image synthétique de l'évolution de l'entreprise dans ces domaines. Sa mise en place rencontre encore beaucoup de difficultés.

prenant appui sur la BDES doivent permettre de mieux conjuguer l'économique et le social. Ainsi, le plan de formation pourra mieux reposer sur ce qui a été mis en évidence en termes d'emplois et de qualifications. La même loi de 2013 veut favoriser les accords sur le maintien de l'emploi et la place des administrateurs salariés dans les grandes entreprises.

En résumé, tous les acteurs concernés par la vie d'une entreprise – les salariés, les employeurs, les actionnaires, les fournisseurs, etc. – sont exposés, à des degrés divers, à des contraintes externes et à des risques. Ils doivent s'armer pour les prendre en compte et assumer leurs responsabilités respectives en échangeant de manière transparente sur les faits, leurs préoccupations et leurs propositions afin de parvenir à des mesures équitables entre les différentes parties prenantes de l'entreprise. À l'évidence, les contraintes économiques sont une préoccupation syndicale qui se vérifie chaque jour dans les faits.

19 *« Employeurs et syndicats se parlent quand il est trop tard pour résoudre les problèmes »*

► **C'est encore trop fréquent mais ce n'est pas général.**

Le plus souvent, employeurs et représentants des salariés souhaitent au contraire traiter les problèmes en amont, mais ce n'est pas toujours possible. Les plans de licenciement et autres situations de crise sont généralement largement relayés par les médias. En revanche, on parle rarement des cas où le dialogue fonctionne et permet d'éviter le recours à des décisions graves et radicales.

Ce qui s'est passé au début de la crise des subprimes au dernier trimestre 2008 est à ce propos éclairant. Du jour au lendemain, beaucoup d'entreprises se sont trouvées en grandes difficultés et, dans bien des cas, le dialogue social a joué son rôle, avec parfois une réunion hebdomadaire du comité d'entreprise pour faire le point sur les commandes et la marche de l'entreprise. Des avenants aux accords d'entreprise portant sur le temps de travail, l'organisation du travail en équipes ou la prise de congés ont été conclus en quelques jours pour s'adapter et sauvegarder le maximum d'emploi.

Mais ce processus ne fonctionne pas toujours. Il y a des cas où chefs d'entreprise et représentants des salariés savent que la situation se dégrade mais, pour des raisons différentes, ils font comme si cela pouvait durer. Il arrive que des syndicats restent sur des positions de principe, renvoient toute la responsabilité sur l'entreprise et refusent de rechercher des solutions. Il y a aussi des employeurs qui, par principe (« c'est mon entreprise, ça ne regarde que moi ») ou par crainte de fragiliser la structure (« si l'on sait que j'ai des problèmes, ça va nuire à l'entreprise »), refusent la voie du dialogue.

L'anticipation et la transparence des informations – pas toujours faciles à mettre en œuvre – sont les meilleures manières de gérer les périodes difficiles. L'évolution de la conjoncture, d'un marché, l'arrivée d'un concurrent ne sont pas toujours prévisibles. Lorsque survient une période difficile dans une entreprise où le dialogue est formel et se limite au minimum, la crédibilité de l'employeur et la véracité des informations risquent d'être mises en doute.

Les syndicats comme les employeurs tentent de remédier à ces difficultés, d'autant qu'au fil du temps, les mutations s'accélèrent. La mise en place de la BDES (voir idée fausse n° 18) élaborée dans un travail intersyndical puis reprise dans les grandes lignes dans l'accord emploi du 11 janvier 2013 [5] en est un exemple. Cela devrait permettre des discussions sérieuses entre les représentants des salariés et l'employeur sur la stratégie et les enjeux économiques et sociaux. Les informations dont doivent disposer les élus permettent de détecter les éventuelles difficultés et de questionner l'employeur sur les causes et les moyens d'y faire face le plus en amont possible.

La loi pour la croissance et l'activité d'août 2015 prévoit la présence de représentants de salariés au conseil d'administration dans les entreprises dont le siège est en France et dont les effectifs sont d'au moins 1 000 salariés. Cela doit permettre aux représentants des salariés d'avoir une meilleure connaissance des enjeux économiques et aux conseils d'avoir une meilleure connaissance de la réalité de l'entreprise pour mieux anticiper. Comme l'ont montré les enquêtes présentées

5. L'accord emploi du 11 janvier 2013 (qui n'avait pas fait l'unanimité) vise à rendre plus facile l'adaptation de l'entreprise aux contraintes économiques. Il renforce le dialogue sur les enjeux économiques et stratégiques. Il apporte aussi de nouvelles protections aux salariés. Il privilégie le dialogue en cas de restructuration. Les dispositions de cet accord ont été reprises dans la loi.

lors des premières Assises des administrateurs salariés[6], le rôle de ces derniers est apprécié.

Un dialogue social sérieux et permanent quand l'entreprise va bien est la meilleure garantie pour détecter la moindre difficulté et aborder au mieux les périodes de crise. *A contrario*, un dialogue inexistant ou uniquement formel renforce les risques d'affrontements et de perte de temps en période de crise. Il peut s'avérer très coûteux pour les salariés et préjudiciable pour la pérennité de l'entreprise.

20 *« Les syndicats de salariés ne font jamais de propositions constructives »*

► **Faux.**

De nombreuses enquêtes montrent que les salariés et leurs représentants sont très attachés à leur entreprise. Ils sont bien placés pour identifier les dysfonctionnements de l'organisation, des problèmes de qualité, des relations difficiles avec les clients ou les fournisseurs. L'examen des pratiques montre que les syndicats souhaitent le plus souvent intervenir le plus en amont possible sur ces questions pour réduire les défauts d'organisation ou anticiper les évolutions de l'environnement.

Selon la dernière étude European Working Commission Survey (Eurofound 2012)[7], 31 % seulement des

---

6. Organisées le 5 mars 2015 par le Collège des Bernardins, l'IFA (Institut français des administrateurs), le cabinet d'avocats Pinsent Masons et RDS (Réalités du dialogue social).

7. *Cf.* www.eurofund.europa.eu.

salariés français déclarent pouvoir influencer les décisions qui concernent leur travail. C'est le plus faible pourcentage en Europe. Ils sont 38 % en Allemagne et 45 % au Royaume-Uni. Les salariés français ont donc le sentiment de disposer de moins de leviers d'action sur leur travail que leurs homologues européens.

Les syndicats et les représentants du personnel ne sont pas toujours entendus lorsqu'ils expriment – et c'est de plus en plus souvent le cas – la volonté d'émettre des propositions pour améliorer le fonctionnement ou le niveau d'activité de leur entreprise, la capacité d'une branche à maîtriser les évolutions technologiques ou réglementaires dans une concurrence accrue ou pour soutenir le développement ou le maintien de l'emploi sur un territoire, etc. Les textes donnent certes aux salariés et à leurs représentants des droits à l'information, à la consultation ou à l'expression directe, mais cela les positionne plutôt en réaction qu'en proposition tant qu'un dialogue de qualité n'est pas instauré.

La fonction publique a fait l'objet de nombreuses réformes depuis plusieurs années. Celles-ci relèvent de décisions politiques et budgétaires. Elles s'appuient parfois sur les avis de nos concitoyens qui sont également les usagers des services publics. Les organisations syndicales – souvent critiquées pour leur immobilisme – ne contestent pas la légitimité des gouvernements successifs à mener des réformes, mais regrettent amèrement de ne pas être associées à leur élaboration en amont pour y intégrer leur connaissance des réalités et leur souci de prendre en compte les conditions de travail des agents. Elles ont récemment été invitées à participer aux travaux sur « l'Administration publique à dix ans », mais le rapport qui en est sorti[8] fait peu de cas de leur rôle.

Certes, il y a des situations de blocage où l'affrontement entre directions et syndicats ne débouche sur aucune proposition : ce sont le plus souvent celles qui sont largement médiatisées. Sur le terrain, notamment dans les entreprises et sur les territoires, les acteurs se connaissent et cernent correctement les problèmes à résoudre. Même si une partie de leurs intérêts divergent et qu'ils sont en conflit, ils sont de plus en plus souvent partisans d'un dialogue – y compris en période de crise – pour construire des compromis, chacun conservant ses préoccupations et sa légitimité. Il est essentiel que cette dynamique se développe pour faire face aux évolutions permanentes et de plus en plus rapides en respectant les personnes et le souci de crédibilité des projets économiques.

21 *« Les syndicats s'opposent aux progrès technologiques »*

▶ **Faux.**

Au contraire, ils s'alarment lorsque leur entreprise est dépassée sur ce terrain par ses concurrents car cela représente un risque pour l'activité et l'emploi. C'est une des raisons qui conduit les élus à s'intéresser forte-

8. Dominique Bureau, Marie-Cécile Naves (sous la dir.), « Quelle action publique pour demain ? Cinq objectifs et cinq leviers », France Stratégie, avril 2015.

ment aux questions d'investissements. Ils observent ainsi avec inquiétude que leur part dans la répartition de la valeur ajoutée produite a tendance à régresser depuis 2008. Mais il arrive aussi que des syndicats s'opposent, non sans raisons, à l'introduction de nouvelles techniques.

Lorsque de nouveaux équipements facilitent la tâche des salariés, suppriment la dangerosité ou la pénibilité d'un travail, il y a en général consensus et pas de difficultés majeures. La situation peut devenir plus compliquée lorsqu'un investissement permet d'améliorer la compétitivité mais risque d'avoir un impact négatif sur l'emploi ou sur les conditions de travail sans dialogue en amont sur les moyens d'anticiper et de corriger ces problèmes.

La théorie macroéconomique nous dit que les gains de productivité (résultant en particulier des progrès technologiques) sont bénéfiques à l'emploi. C'est globalement vrai, mais pour l'entreprise en question ce n'est vrai qu'à la condition que le marché à qui la production est destinée augmente au moins aussi vite que les gains de productivité. En effet, si une entreprise augmente sa production grâce aux progrès techniques, elle ne pourra créer des emplois que si le marché a la capacité d'aborder ce surplus. Toujours d'après la théorie économique, les nouveaux produits étant moins chers, ceux qui les achètent peuvent utiliser l'économie réalisée pour un autre achat qui va créer de l'emploi ailleurs. Mais allez expliquer au salarié licencié qu'il doit se consoler parce qu'il participe d'un vaste mouvement bénéfique à long terme...

La vie des salariés dans l'entreprise ne peut se réduire à la théorie économique. Trop d'experts et de commentateurs proposent des réformes radicales qui peuvent être pertinentes du point de vue théorique mais laissent de côté les conséquences sociales pour les personnes concernées.

Les syndicats savent que refuser une évolution (technologique ou d'organisation) au motif qu'elle supprime des emplois, c'est prendre le risque de suppressions d'emploi plus massives dans un avenir plus ou moins proche. Au-delà du volume d'emplois concerné, ce qui est décisif pour les salariés et leurs représentants, c'est la qualité des propositions qui sont faites pour assurer la formation et le reclassement des salariés perdant leur emploi. L'anticipation des mutations est un facteur décisif parce qu'une nouvelle machine n'est pas installée du jour au lendemain. Quand un employeur ne se préoccupe pas du devenir de ses salariés (pas de formation qualifiante, pas d'anticipation, pas de propositions sérieuses de reclassement, etc.), comment s'étonner de la réaction négative des salariés ? Sans compter que c'est la collectivité qui devra prendre en charge ces salariés laissés sur le carreau et financés par les cotisations sociales.

La manière dont les progrès techniques sont utilisés peut aussi amener à renforcer la méfiance syndicale. Si le seul objectif de l'évolution technologique est la rentabilité, quelles que soient ses conséquences sur le contenu et les conditions de travail, elle sera synonyme d'intensité croissante du travail, de chasse aux temps morts, de travail standardisé et déqualifié, voire de surveillance accrue.

Face à l'introduction d'un progrès technique, le travail des élus est d'apprécier les conséquences sur l'avenir de l'entreprise, l'emploi, les conditions du travail. Après en avoir débattu avec les salariés, ils doivent prendre la position la plus pertinente, l'expliquer, gérer les éventuelles conséquences, faisant de l'avenir des salariés qui pourraient perdre leur emploi une priorité.

22 *« Les syndicats de salariés empêchent le développement du travail de nuit et du dimanche »*

► **C'est vrai lorsqu'ils considèrent que ce n'est pas indispensable.**

Depuis longtemps, des salariés travaillent la nuit ou le dimanche, voire les deux. C'est le cas dans les secteurs de la chimie, de la pétrochimie, des transports, dans les services de santé et de sécurité, mais aussi dans le tourisme, la culture, etc. Ce travail nocturne ou dominical peut être justifié par le service à rendre (hôpitaux, transports), des contraintes techniques (dans le cas des hauts fourneaux par exemple) ou des raisons économiques, notamment pour amortir plus rapidement des investissements lourds en faisant tourner les équipements 24 heures sur 24 tout au long de l'année. Les salariés travaillant le dimanche sont d'ailleurs de plus en plus nombreux : de 2005 à 2013, leur nombre s'est accru de 11 % pour atteindre près de 6,5 millions (soit près d'un quart des actifs) dont près de 3 millions de manière habituelle[9].

Si cette organisation du travail est peu remise en question dans la plupart des secteurs concernés, elle n'est cependant pas sans inconvénients pour les salariés. Depuis longtemps, des études ont mis en évidence les conséquences néfastes de ce rythme de travail sur la santé : troubles du sommeil, troubles digestifs, risques cardiaux-vasculaires, etc.[10]. Certaines études soupçonnent même le rythme en équipe alterné (incluant la nuit et les week-ends) de favoriser le développement de cancers. À ces diverses atteintes à la santé, il faut enfin ajouter la difficulté, pour les travailleurs, de concilier ce type d'emploi du temps avec leur vie sociale et familiale.

Lorsque survient la question d'une extension du travail de nuit ou du dimanche, il s'agit d'en débattre avec les salariés concernés et de questionner sérieusement les enjeux qu'elle soulève. L'intérêt économique et les projections en termes d'emplois sont-ils réellement avérés ? Quelles conséquences ces réorganisations auront-elles à l'échelle du territoire ? Si le projet est solide, comment les conditions de travail seront-elles préservées ? Quels nouveaux problèmes de transport ou de garde d'enfants vont se poser pour les salariés ? Quelles conditions faut-il réunir pour assurer le volonta-

---

9. « Les conditions de travail des salariés dans le secteur privé et la fonction publique », étude réalisée par la Direction de l'animation de la recherche, des études et des statistiques (DARES). *Cf. FO Hebdo*, n° 3 164, 1er juillet 2015.

10. Étude INRS de mai 2011.

riat des salariés, pour limiter dans le temps et pour chaque salarié la pratique de ces rythmes de travail ?

Les échos médiatiques relayant des positions de principe – qu'elles soient favorables ou opposées au travail de nuit et du dimanche – ne doivent pas occulter ces questions vitales pour les salariés mais aussi pour la société. Ne pas s'opposer par principe au travail de nuit ou du dimanche ne doit pas pour autant conduire à le banaliser.

23 *« Dans les entreprises, les syndicats défendent les acquis contre l'emploi »*

▶ **Bien au contraire.**

De nombreux exemples montrent que, dans la grande majorité des cas, les syndicats privilégient l'emploi. Ce n'est pas étonnant dans un pays qui connaît depuis longtemps un niveau de chômage élevé.

Il y a une trentaine d'années, par exemple, des syndicats de l'usine sidérurgique de Sollac Florange acceptaient un de gel des salaires en contrepartie de la réalisation d'un investissement, preuve que ce genre de compromis n'est pas nouveau.

Des accords qui prévoient une remise en cause temporaire ou permanente de garanties (par la réduction de jours de RTT ou de congés, le recours au temps partiel contraint ou au chômage partiel, la suppression de certaines primes ou le blocage d'évolutions salariales, etc.) dans le cadre d'un effort de redressement ou de développement de l'entreprise (dont l'emploi est évidemment une finalité) est assez fréquent. On peut citer Bosch (à Vénissieux puis plus tard à Rodez), Renault, PSA, les chantiers STX à Saint-Nazaire ou encore Air France pour ne citer que les plus connus.

Cependant, dans l'entreprise où cette alternative se présente, la question est difficile pour les salariés et leurs syndicats. La situation économique est-elle aussi délicate que ce qu'en dit la direction ? Les efforts demandés vont-ils vraiment permettre de redresser la situation ? Ne risquons-nous pas de payer une première fois aujourd'hui avec la remise en cause de certains avantages et demain avec la fermeture de l'entreprise ou des licenciements ? Élus et salariés exigent aussi une répartition équitable des efforts et un retour pour les salariés si la situation s'améliore.

Des difficultés similaires rencontrées dans deux entreprises d'un même secteur peuvent aboutir à des résultats très différents. Dans un cas, les syndicats ont accepté de revoir l'organisation du travail et ont signé l'accord qui le prévoyait, ce qui a permis de maintenir l'entreprise et de sauvegarder les emplois. Dans l'autre, les positions inconciliables entre l'entreprise et le syndicat ont conduit à un bras de fer qui s'est finalement conclu par la fermeture de l'entreprise. Sans porter de jugement sur ces deux situations, il est cependant certain que là où il n'y a ni confiance ni dialogue entre les dirigeants de l'entreprise et les représentants des salariés, il paraît très difficile d'aboutir à un compromis acceptable.

L'accord national interprofessionnel (ANI) sur l'emploi de janvier 2013 (voir idée fausse n° 19) donne un cadre national et une aide à la négociation d'accords de défense ou de maintien de l'emploi au sein de l'entreprise. Il est encore peu utilisé pour l'instant; pour en apprécier les effets, il sera utile d'en faire un bilan d'étape, en prenant en compte les assouplissements apportés par la loi Macron.

Il est faux de penser que les syndicats défendent des acquis au détriment de l'emploi. Aborder le problème de la compétitivité sous le seul angle de la remise en cause des acquis revient à privilégier le seul aspect du coût du travail, alors qu'il est plus logique de miser sur la pertinence de la stratégie, la qualité de l'organisation du travail, le niveau de compétence des salariés ou la qualité du dialogue social.

24 *« Les syndicats devraient accepter une baisse des salaires pour sauver des emplois et favoriser des embauches »*

▶ **La grande diversité de situations des entreprises ne permet pas de prendre une position tranchée.**

Certains économistes considèrent que la baisse du chômage passe par celle des salaires. C'est une approche bien trop globale qui ne prend pas en compte la diversité des situations.

Si une entreprise peut être en difficulté pour des problèmes de trésorerie, notamment parce que ses clients payent leur facture plus tard que les délais contractuels ne le prévoient (ce qui est la cause d'un quart des dépôts de bilan), elle l'est le plus souvent parce qu'elle n'arrive pas à dégager un résultat d'exploitation suffisant pour couvrir toutes ses charges courantes (salaires, charges sociales, fournisseurs, loyers, etc.) et les investissements nécessaires à son activité. Une situation qui peut être conjoncturelle ou structurelle.

Dans le cas où une entreprise subit un accident difficilement prévisible (crise conjoncturelle comme en ont connu de nombreux secteurs industriels en 2008, catastrophe sanitaire, fermeture brutale d'un marché pour des raisons géopolitiques, brusque élévation du coût d'une matière première, etc.) et que la situation peut manifestement être redressée dans un avenir relativement proche, la section syndicale et la direction peuvent négocier un accord prévoyant l'utilisation du chômage partiel, une baisse momentanée des salaires (accompagnée ou non d'une baisse du temps de travail) afin de préserver les emplois sous la double condition que des efforts du même ordre soient acceptés par les autres parties prenantes et que des contreparties soient accordées aux salariés une fois l'entreprise sortie de cette difficulté passagère. Le cas de Poclain Hydraulics, décrit dans *L'économie, parlons-en !*[11], en est un bon exemple ; il est survenu avant l'ANI de janvier 2013 (voir idée fausse n° 19) qui prévoit qu'en cas de graves difficultés conjoncturelles, l'entreprise a la possibilité, sous réserve de signature d'accords majoritaires, et pendant deux ans maximum, d'avoir recours au chômage partiel ou à des changements de rémunérations, sauf pour celles égales ou inférieures à 120 % du smic (salaire minimum interprofessionnel de croissance).

---

11. Jean-Paul Guillot, Dominique-Anne Michel, *L'Économie, parlons-en !*, *op. cit.*

Lorsque l'entreprise est en difficulté de manière structurelle, ce peut être pour des raisons autres que la masse salariale : gamme de produits obsolète, défaut d'innovation, dépendance trop forte à l'égard d'un seul client, manque de dynamisme commercial, mauvaise politique d'achats, frais généraux excessifs par rapport à l'activité, coûts de transfert au sein du groupe si c'est une filiale, etc.

Si – généralement pour des raisons historiques héritées d'une situation très favorable qui n'a pas perduré – une entreprise a une masse salariale nettement plus élevée que ses concurrents, le dialogue social peut permettre de rechercher un compromis à la condition que les efforts soient équitablement partagés avec les autres parties prenantes et que le compromis trouvé assure – autant que faire se peut – la pérennité de l'entreprise.

Les syndicats ne considèrent pas que la baisse des salaires soit la solution au problème de l'emploi. Ils ne sont pas les seuls à le penser. Lorsque cela permet de préserver l'emploi et à certaines conditions, leur attitude est pragmatique.

25 *« Les partenaires sociaux refusent de simplifier le Code du travail »*

► **Non. Ils ont pris la mesure de cet enjeu mais ne sont pas seuls à décider.**

Cette simplification est primordiale, mais ne relève pas uniquement de leur responsabilité. Le Code du travail n'est pas établi par les partenaires sociaux mais par la loi. Il est régulièrement modifié par le Parlement à son initiative ou pour reprendre tout ou partie d'accords interprofessionnels négociés par les partenaires sociaux.

Du fait de ces empilements successifs, il est devenu extrêmement complexe. Dans sa version du 16 juin 2015, il totalise plus de 10 000 articles et compte plus de 3 000 pages. La volonté d'avoir le même cadre pour tous les salariés tout en tenant compte de situations spécifiques (types de métiers, taille d'entreprise, degrés d'exposition à certains risques, etc.) contribue à générer une certaine complexité, s'accompagnant d'un développement de la jurisprudence.

La complexité favorise des lectures diverses, ce qui crée une absence de visibilité pour les employeurs comme pour les salariés et conduit à avoir recours à des procédures longues et à l'issue souvent incertaine.

Le rôle du Code du travail est de donner un cadre qui régule les relations entre les employeurs et les salariés. De ce fait, il devrait être d'un accès facile pour tous. C'est loin d'être le cas et ceux qui ont le plus de difficultés à le comprendre sont souvent ceux qui en ont le plus besoin.

Près de la moitié des salariés n'ont ni représentants ni négociations sociales dans leur entreprise, ce qui handicape la mise en œuvre des accords conclus au niveau national ou dans les branches et rend difficile l'articulation entre loi et accord.

Pour faire reconnaître ses droits, un salarié doit souvent faire appel à des représentants du personnel, des conseillers du salarié, voire un avocat.

De leur côté, les entreprises dépensent des sommes non négligeables (et proportionnellement lourdes pour les TPE et PME qui constituent la très grande majorité des entreprises) en service administratifs ou prestations de juristes et d'avocats lorsqu'ils ont un doute ou un contentieux.

Un droit que l'on ne connaît pas risque d'être un droit qui ne s'applique pas. Employeurs et salariés ont donc intérêt à une simplification mutuellement avantageuse du Code du travail. Il y a eu de nombreuses tentatives de le réformer, généralement à la demande des organisations d'employeurs relayant la demande des TPE et PME. Ces efforts de révision ont toujours buté sur la difficulté à articuler loyalement simplification du Code du travail et respect de la protection que les salariés ont obtenue au fil d'avancées sociales transcrites dans la loi.

Le débat est loin d'être épuisé. La responsabilité de la simplification n'est pas de la seule responsabilité des partenaires sociaux.

26 *« Les syndicats ne devraient pas avoir leur mot à dire sur la stratégie et l'organisation de l'entreprise »*

► Quelle erreur !

Les organisations syndicales ne contestent pas qu'il est de la responsabilité du dirigeant d'arrêter les choix en matière de stratégie et d'organisation mais elles veulent que ce dernier les informe et qu'il écoute – bien en amont des décisions – les questions et les suggestions de leurs représentants sur des sujets qui vont avoir des conséquences pour les salariés.

D'une manière générale, les syndicalistes et élus d'une entreprise sont attachés à sa pérennité. Ils savent qu'elle doit régulièrement adapter sa stratégie et son organisation. Mais ils veulent qu'il y ait un vrai travail d'anticipation pour que les changements soient conduits en temps et en heure plutôt que de manière brutale et dans un processus où ils ont les éléments explicatifs de ces changements (qu'ils peuvent eux-mêmes d'ailleurs suggérer compte tenu de leurs compétences) et la possibilité de faire valoir les préoccupations des salariés.

L'économie, parlons-en[12] décrit cinquante initiatives de dialogue social sur les questions économiques dans des entreprises de toutes tailles. À la suite de l'ANI de 2013 sur la sécurisation de l'emploi, la loi de juin 2013 a rendu obligatoire pour toute entreprise de plus de cinquante salariés de mettre en place la Base de données économiques et sociales (voir idée fausse n° 18) qui structure les échanges entre directions et élus du personnel sur les questions économiques. Qu'ils aient ou non approuvé l'ANI, les syndicats disposent de cet outil dont ils peuvent se servir pour agir et formuler leurs revendications et propositions.

Les récents accords sur la qualité de vie au travail (QVT) et la prévention des risques psychosociaux (RPS) sont autant d'occasions d'aborder en amont la question des conditions de travail et donc de l'organisation qui peut générer plus ou moins de bien-être au travail pour les salariés et de performance globale pour l'entreprise.

---

12. *Op. cit.*

Enfin, la loi pour la croissance et l'activité d'août 2015 renforce les dispositifs de l'ANI de janvier et de la loi de juin 2013. Dorénavant, la présence d'administrateurs salariés dans les conseils d'administration est prévue dans les entreprises ayant leur siège social et plus de 1 000 salariés en France.

27 *« Le dialogue social privilégie la paix sociale au détriment de la pérennité de l'entreprise ou de l'administration »*

▶ **Non, c'est une erreur d'opposer les deux.**

Dirigeants, salariés, agents des fonctions publiques... Tous sont attachés à la pérennité de l'activité qui fait leur emploi. Tous souhaitent maintenir un climat social favorable à de bonnes conditions de travail et à une plus grande efficacité.

Certes, il y a des exceptions. Certains dirigeants font peu de cas du climat social et préfèrent gérer un turnover important. La capacité de blocage de certaines sections syndicales conduit parfois à l'obtention d'avantages sociaux de court terme plutôt qu'à un accord anticipant des évolutions difficiles comme on a pu le voir dans quelques entreprises du transport maritime, ce qui peut aboutir à mettre l'entreprise en péril.

Si la stabilité sociale est un facteur de compétitivité qui se construit sur le long terme, les entreprises sont globalement dominées par des contraintes de court terme : incertitudes croissantes pour le plus grand nombre dans un contexte de concurrence mondiale où tout va plus vite, auxquelles s'ajoutent les exigences de la finance (rapports financiers trimestriels, échanges d'actions, exigences de rentabilité décuplées) pour celles qui recourent au marché financier.

Articuler la réactivité nécessaire avec une stratégie, forcément de long terme, qui anticipe les évolutions par des mesures négociées susceptibles de sécuriser la pérennité de l'entreprise et les emplois des salariés est à la fois une exigence et un défi redoutable pour les dirigeants et les représentants des salariés.

Même si de plus en plus d'acteurs sont convaincus qu'une bonne articulation entre les questions économiques et sociales traitées dans un dialogue social efficient est un facteur de performance et de compétitivité globale, les salariés ont encore souvent du mal à faire entendre des préoccupations comme l'emploi, l'évolution des compétences, la qualité des conditions de travail ou des relations humaines.

Dans les fonctions publiques, notre pays a besoin de stratégie de très long terme traversant les échéances électorales. Cependant, celles-ci exercent une pression de court terme sur les décideurs politiques, notamment locaux. Certains n'y résistent pas avec des politiques de promotion ou de recrutement qui font la part belle au clientélisme au détriment des conditions de travail. Ces situations particulières révèlent le besoin d'un dialogue social de qualité capable de prendre en compte sur le long terme les besoins réels de la population et les attentes des agents.

28 *« En France, organisations patronales et syndicales refusent la cogestion alors qu'elle réussit en Allemagne »*

► **La réalité est plus complexe.**

Il est largement reconnu que la compétitivité des entreprises allemandes dans l'industrie est d'un haut niveau et que la qualité du dialogue social (dont la cogestion fait partie) en est une des raisons. En France, on en est loin mais des syndicalistes et des employeurs souhaitent que les relations sociales aillent dans ce sens. C'est ce que prévoient de récents dispositifs prévus par la loi du 14 juin 2013 puis celle du 23 juillet 2015.

En Allemagne, la cogestion prévoit la parité entre les représentants des salariés et les représentants des actionnaires au sein du conseil de surveillance dans les sociétés de plus de 2 000 salariés. La cogestion est importante mais elle ne concerne qu'une partie des entreprises et n'est pas la seule explication à la qualité du dialogue social outre-Rhin. Dans les entreprises, le conseil d'entreprise, où les élus des salariés ont un pouvoir de co-décision avec la direction sur des sujets sociaux majeurs, est un vrai lieu d'apprentissage et de mise en pratique du compromis. Ajoutons à cela le rôle de la négociation dans les entreprises, dans les branches mais aussi les rapports branche/entreprises et entreprises/territoires (*Länder*).

Il ne faudrait pas en conclure que la solution serait de mettre en place, en France, sans discernement ces dispositifs. Il faut en effet prendre en compte le contexte et la culture. Et ne pas oublier qu'à tort ou à raison, tout le monde est attaché à son histoire et à ses pratiques. Il faut savoir s'inspirer de ce qui se fait de bon ailleurs sans nécessairement l'appliquer tel quel. Au sein de l'Union européenne, « la participation des travailleurs » dans la gouvernance des entreprises fait depuis longtemps l'objet de nombreuses discussions. Compte tenu des écarts entre les pays, il a fallu plusieurs dizaines d'années pour arriver au statut de « société européenne » créé en octobre 2004, qui prévoit une représentation des salariés dans la gouvernance. En cela, ce statut s'inspire de la cogestion en moins contraignant pour l'employeur. Plus de dix ans après sa création, environ 2 000 sociétés européennes, dont seulement une trentaine en France, ont adopté ce statut ; celles qui y sont venues sont pour l'essentiel d'origine allemande. Les employeurs estiment souvent que la « participation des travailleurs » prévue par ce statut est un handicap.

Avec les lois du 14 juin 2013 et d'août 2015 prévoyant la présence d'administrateurs représentant les salariés au sein des conseils d'administration, on est très loin de la parité de la cogestion. Certains employeurs y sont pour le moins réticents (quand ils n'y sont pas violemment opposés au point de contourner l'obligation) et certains syndicalistes n'y sont pas non plus très favorables. Pourtant, les employeurs qui l'ont mise en place reconnaissent l'intérêt de cette représentation et son rôle positif.

29 « Le dialogue social coûte trop cher en temps et en argent »

Complètement faux.

Si la critique n'est pas nouvelle, elle a tendance à prendre de l'ampleur dans les entreprises et administrations où des employeurs sont confrontés à des réformes ou des réorganisations de plus en plus pressantes face à la concurrence, aux évolutions technologiques, aux contraintes financières ou de rentabilité.

Certes passer par le dialogue social et respecter le rôle des élus prend du temps mais considérer que l'on en gagnerait en s'en passant serait prendre le risque d'en perdre plus tard du fait d'une mise en œuvre défaillante et donc coûteuse des décisions.

Parvenir à un cadre permettant un dialogue social de qualité, plus efficace et, si nécessaire, moins consommateur de temps et de moyens à tous les niveaux est un impératif. Au cours de la négociation nationale interprofessionnelle portant sur la modernisation du dialogue social qui s'est tenue fin 2014, le consensus sur une partie du constat et le besoin d'y remédier n'a néanmoins pas conduit à un accord sur les solutions à mettre en place.

Les changements organisationnels auxquels entreprises et administrations sont confrontés ne sont pas simples à conduire et sont souvent déstabilisants pour les salariés et les agents. C'est une source de tension, voire de démotivation, à un moment où tout le monde reconnaît que mieux impliquer les salariés est vital pour la performance de l'entreprise ou l'efficacité du service public. Des chefs d'entreprise sont convaincus que c'est en donnant un espace d'initiative aux salariés que l'on va ouvrir les possibilités d'innovation que ne permet pas l'organisation trop hiérarchisée et encadrée du travail.

Il serait pour le moins paradoxal que des employeurs soutiennent le rôle positif de l'implication et de l'initiative des salariés tout en considérant que la dimension sociale est l'affaire de la seule direction et du management sous son contrôle. Dans ce cas, l'employeur entend faire de sa hiérarchie le seul relais des doutes ou inquiétudes des salariés et décider de leur bien-être. Or l'entreprise est un lieu où s'exercent naturellement des tensions entre les différentes parties prenantes et, lorsque les rapports entre celles-ci sont trop déséquilibrés, le risque d'abus et de conflits stériles grandit.

La décision unilatérale qui s'applique par la voix hiérarchique permet peut-être un gain de temps mais n'évite pas les décisions mal calibrées parce qu'elles ne prennent pas en compte des particularités du terrain. Elle ne tient pas compte de pratiques inconnues de la direction mais qui permettent pourtant de gérer au quotidien les dysfonctionnements. Ce mode de management très vertical risque d'accroître les incompréhensions à l'origine de refus ou de conflits. Et quand ils surviennent, la solution pour en sortir représente bien souvent un prix bien plus élevé que l'économie réalisée par le contournement d'un dialogue social responsable. Il est curieux que des entreprises acceptent de payer assez cher des cabinets conseils qui leur diront ce qu'elles auraient pu savoir grâce au dialogue avec les salariés et leurs représentants.

Faire l'économie du dialogue social n'en est donc pas une et cela ne vaut pas uniquement au niveau de l'entreprise. Si des dirigeants de PME ne s'impliquent pas dans le travail des branches professionnelles parce qu'ils considèrent qu'ils n'ont pas les moyens de s'investir dans leurs champs professionnels, il est peu probable que leurs spécificités et leurs attentes soient prises en compte par les négociateurs. Ce qui ressemble à une économie de temps et de moyens aboutit alors à des décisions prises en méconnaissance d'une partie des réalités et aboutit en fait à une perte de temps et d'efficacité.

Des représentants politiques et des experts divers, favorables à des réformes d'ampleur, estiment que le passage par les partenaires sociaux et la négociation collective sont trop lents et suscitent des réformes trop limitées.

Au contraire, le manque de dialogue social peut entraîner une perte de temps au niveau du pays. L'exemple du contrat première embauche (CPE) du gouvernement Villepin à la fin 2005, projet élaboré sans la consultation préalable des partenaires sociaux et finalement abandonné face aux protestations massives, a été suffisamment illustratif de ces limites puisqu'il a conduit en janvier 2007 à la « loi Larcher » (voir idée fausse n° 1).

TROISIÈME PARTIE

LE FONCTIONNEMENT DES ORGANISATIONS SYNDICALES DE SALARIÉS ET D'EMPLOYEURS EST INADAPTÉ ET INEFFICACE AU REGARD DES ENJEUX ACTUELS

30 *« Les organisations syndicales et patronales devraient être plus présentes sur le terrain »*

▶ **Elles le sont, mais il importe également d'élargir le champ d'action.**

Dans les établissements où ils sont présents, les représentants syndicaux et les élus entretiennent des relations directes avec les salariés. C'est cependant compliqué pour les salariés nomades, détachés à l'extérieur. Le problème se pose pour la moitié des salariés qui travaillent dans des établissements où il n'y a ni élu, ni syndicat. Ces derniers doivent alors trouver un contact ou un service en dehors de leur lieu de travail mais aussi près que possible de celui-ci.

Pour les employeurs, il s'agit principalement de pouvoir bénéficier de services de proximité : conseil sur les diverses réglementations, appui juridique, prospective, etc.

Tous les salariés et tous les chefs d'entreprise devraient pouvoir bénéficier d'un contact rapide et facile avec les organisations censées les représenter. Mettre en relation les employés et les dirigeants avec des élus qui comprennent les réalités locales implique une présence des structures syndicales et professionnelles au plus près du terrain. Cela n'enlève rien à la nécessité pour ces organisations d'avoir une structuration régionale, nationale et par métier. C'est même une condition pour que le service local soit de qualité parce que relié aux échelons à même de traiter de problèmes dont la solution n'est pas toujours locale.

Les organisations de salariés et d'employeurs ont donc mis en place des structures couvrant territoires et branches professionnelles.

Au-delà de l'entreprise, dans la plupart des cas, le premier échelon des structures syndicales ou patronales se situe au niveau départemental. Dans certaines villes existent aussi des antennes locales souvent regroupées pour les syndicats de salariés dans des Bourses du travail. Certaines organisations ont des difficultés à couvrir l'ensemble de ces niveaux pour des raisons de moyens qui les handicapent aussi au niveau national. Être plus présent sur le terrain nécessite plus de structures de proximité, donc infradépartementales. C'est certainement souhaitable : bien que les nouveaux moyens de communication permettent de gérer beaucoup de choses à distance, certaines demandes nécessitent une rencontre directe avec les personnes qualifiées. Des syndicats ont d'ailleurs mis en place des lieux d'accueil dans de grands centres d'activité (centres commerciaux, zones d'activité) pour faciliter ce contact et pallier l'absence des organisations au sein des entreprises. De même, des employeurs se structurent de manière informelle pour traiter de problèmes communs : bassins d'emplois, zones industrielles ou commerciales, etc.

31 *« Les organisations syndicales et patronales ne s'occupent que de leurs adhérents »*

▶ **Non, c'est l'inverse.**

Les modalités du dialogue social en France poussent plutôt à ne pas les prendre suffisamment en compte.

Une grande partie du travail des représentants syndicaux et patronaux concerne l'ensemble des salariés et des entreprises. C'est le cas pour toutes les négociations nationales interprofessionnelles ou de branche, la gestion du paritarisme, les multiples concertations avec les pouvoirs publics, etc.

Dans l'entreprise, la grande majorité des élus assurent la défense des salariés, qu'ils soient ou non syndiqués. Dans les branches et au niveau interprofessionnel, les organisations patronales défendent et engagent toutes les entreprises.

Contrairement à la plupart des pays européens et en particulier des pays scandinaves où l'accès à certains droits est réservé aux syndiqués, en France, les droits négociés le sont généralement pour tous les salariés et toutes les entreprises concernés. L'action des partenaires sociaux, souvent critiqués pour leur prétendu sectarisme, bénéficie donc à tous les salariés comme à toutes les entreprises.

32 *« Dans les entreprises et les administrations, le dialogue social n'apporte pas de résultats »*

▶ Complètement faux.

Chaque année, près de 40 000 accords sont signés entre des directions d'entreprises et une ou plusieurs organisations syndicales représentatives.

Le dialogue social est un moyen. Il relève d'un choix des dirigeants et des syndicalistes qui considèrent – ou non – qu'il permet d'expliciter les désaccords et les conflits pour les dépasser. Loin de nier les conflits d'intérêts réels, il traduit leur volonté d'élaborer des compromis sur des sujets qui concernent l'entreprise ou l'administration, et les salariés ou les agents.

Au-delà de la qualité des relations humaines dans un établissement, qui constitue un facteur généralement positif, le dialogue social peut prendre plusieurs formes. Le comité d'entreprise – ou le comité technique dans la fonction publique – est une instance de consultation. Celle-ci peut porter sur tous les sujets concernant l'établissement et les salariés : horaires et conditions de travail, organisation, plan de formation, perspectives de développement à moyen et long terme, difficultés, etc. Elle ne prend véritablement son sens que lorsque la direction la mène suffisamment en amont en apportant aux élus les éléments d'information leur permettant de se forger une opinion, voire d'apporter des propositions alternatives.

La concertation engage direction et représentants du personnel. Elle consiste à tenter de construire une réponse acceptable pour les différentes parties à un problème d'intérêt commun : sans partager les mêmes points de vue et priorités, elles considèrent qu'il est utile de rechercher une solution viable.

La négociation collective enfin peut intervenir à la demande de l'une ou l'autre des parties. Ce sont les organisations syndicales représentatives dans l'établissement qui sont habilitées à la mener. Elle ne peut s'engager valablement que si la direction et les syndicats ont une réelle volonté d'aboutir à un compromis pour traiter le problème à l'ordre du jour.

Il est intéressant de noter que six des huit fédérations de fonctionnaires qui représentent 80 % des agents ont signé avec les pouvoirs publics les accords de Bercy en 2008. Ces accords sont traduits dans la loi de juillet 2010 portant « rénovation du dialogue social dans la fonction publique[1] ». Employeurs publics comme fédérations de fonctionnaires ont en effet estimé que le bilan des consultations était très maigre, notamment parce qu'elles n'étaient le plus souvent que formelles et ne prenaient donc pas en compte les positions ou propositions des élus. La loi insiste sur la nécessité de négocier sur tous les sujets et à tous les niveaux pertinents. Au-delà des intentions, elle ne se met en œuvre que très progressivement dans les ministères, les collectivités et les hôpitaux. Les responsables concernés mettent en avant à la fois le manque de préparation des cadres et des équipes et les difficultés budgétaires

1. *Cf.* Jean-Paul Guillot, Dominique-Anne Michel, *Faire vivre le dialogue social dans la fonction publique d'État*, Ivry-sur-Seine, Les Éditions de l'Atelier, 2011.

actuelles qui limitent les marges de manœuvre des directions.

Dans les entreprises, la pratique de la négociation est plus ancienne. Elle est d'autant plus vivante que les directions en voient l'utilité et que les syndicalistes sont à l'écoute de leurs collègues de travail.

Les négociations peuvent aussi bien porter sur des sujets obligatoires du fait de diverses lois (salaires, égalité femme-homme, etc.) que sur des sujets portés par les partenaires sociaux au sein de l'établissement ou de l'entreprise. Dans tous les cas, la gestion d'un calendrier réaliste (ni trop court ni trop long) est une condition de la réussite de la négociation.

Les statistiques font ressortir que la négociation d'entreprise – dans laquelle les acteurs traitent de problèmes très concrets et visibles comme les salaires ou les conditions de travail – est aujourd'hui plus productive que celles des branches ou du niveau national qui abordent des sujets plus complexes comme la protection sociale ou l'assurance chômage.

Établir un dialogue social réel et responsable n'est donc pas un trompe-l'œil. Au contraire, ce dialogue s'avère un outil indispensable au service des entreprises et des salariés.

33 *« Les organisations syndicales et patronales sont trop nombreuses et dispersées »*

▶ C'est globalement vrai.

La diversité des opinions des salariés se traduit en France par le pluralisme syndical quand elle est plus souvent assumée au sein d'une organisation unique en Europe. En France, le nombre d'organisations est plus important qu'ailleurs et la coopération entre elles plus faible.

Dans les entreprises, la dispersion des syndicats de salariés est relativement limitée : on y dénombre en moyenne entre deux et trois organisations. On note cependant des exceptions, notamment dans les quelques entreprises où les différents corps de métiers sont organisés dans des syndicats spécifiques. Le transport aérien en est un exemple.

Au niveau des branches, dans la plupart des cas, le nombre de syndicats de salariés est compris entre trois et cinq, parfois moins. Au niveau interprofessionnel, dans le secteur privé, cinq confédérations sont reconnues comme représentatives : la CFDT, la CFE-CGC, la CFTC, la CGT, et FO.

Ces cinq organisations, ainsi que la FA-FP, la FSU, Solidaires et l'UNSA, siègent[2] au Conseil commun de la

2. Dans la fonction publique, les critères de représentativité sont les mêmes que pour le secteur privé (voir idée fausse n° 1) à la seule différence que le seuil électoral est calculé différemment : une organisation est considérée comme représentative dans un établissement ou au plan national si elle a un élu au comité technique concerné.

fonction publique sur la base des résultats des élections de décembre 2014.

Côté employeurs, la situation est plus hétérogène. Au niveau professionnel, certains secteurs ne comptent qu'une seule organisation professionnelle (chimie, métallurgie, etc.), d'autres plusieurs organisations concurrentes (hôtellerie-restauration) ou se divisent en de multiples sous-secteurs (commerce par exemple). C'est une des raisons qui expliquent la profusion des branches professionnelles (plus de 700 à ce jour). La loi de 2014 incite à des regroupements.

Au niveau interprofessionnel, trois organisations d'employeurs sont reconnues représentatives (la CGPME, le Medef, et l'UPA). D'autres organisations nationales couvrent l'agriculture, les professions libérales ou le secteur de l'économie sociale et sont reconnues comme « multiprofessionnelles ». De nouvelles règles en cours de finalisation préciseront la représentativité de chacune d'elles en 2017.

Si certains ministères comptent également des syndicats catégoriels, conduisant à un nombre élevé d'organisations, dans la fonction publique hospitalière comme dans la territoriale, la situation ressemble davantage à celle du privé.

D'une manière générale, plus il y a d'organisations (de salariés ou d'employeurs) qui participent à une négociation, et plus sa conclusion est complexe, du fait de la multitude des points de vue, ou de la surenchère liée à la concurrence entre organisations.

Les lois relatives à la représentativité des salariés tant dans le privé que dans le public, les règles de validité des accords, la loi récente sur la représentativité patronale, la volonté des pouvoirs publics de réduire le nombre de branches visent à dépasser les inconvénients de l'émiettement et à favoriser un dialogue social responsable.

34 *« Pour peser davantage dans la situation économique actuelle, les organisations syndicales devraient se réunir dans une même structure »*

► **Cela ne va pas de soi.**

En théorie, un syndicalisme moins dispersé serait plus efficace pour parler d'une même voix face aux pouvoirs publics et tenir des positions communes vis-à-vis de la délégation patronale lors des négociations. Cela se fait dans certaines négociations mais pas toujours. Cependant, les règles de conclusion d'un accord collectif obligent des syndicats à travailler ensemble. Souvent, dans l'entreprise, et plus encore au niveau national, un syndicat n'a pas le poids suffisant pour signer seul un accord.

La crise économique et sociale qui secoue l'Europe depuis 2008 a initié un début de travail commun mais les points de vue trop éloignés sur les causes de la crise ou sur les solutions pour en sortir y ont mis un terme.

On ne peut ignorer que cette diversité des syndicats traduit les différences de conception de l'action syndicale, de ses finalités et de ses moyens d'intervention.

La question principale ne se situe pas au niveau de l'intérêt qu'auraient les syndicats à travailler ensemble mais sur les conditions à réunir pour parvenir à un travail efficace. C'est une question débattue assez régulièrement et depuis longtemps dans les organisations syndicales. On observe que ce travail en commun est à géométrie variable, plus constant et coopératif au plan européen ou sur des sujets comme l'égalité professionnelle, la lutte contre les discriminations ou encore sur la défense de droits fondamentaux. Selon les sujets et les moments, ce ne sont pas les mêmes qui travaillent ou agissent ensemble. Tant que les approches demeurent trop différentes, le travail en commun ne se décide qu'au coup par coup.

35 *« Les organisations syndicales privilégient la hausse du smic à l'emploi »*

► **La fixation du smic n'est pas du ressort des organisations syndicales.**

Si des syndicats revendiquent régulièrement la nécessité d'une hausse du smic, les partenaires sociaux n'ont aucun pouvoir sur son montant.

La loi fixe les modalités d'évolution du smic[3]. Cette évolution annuelle prend en compte l'augmentation des prix à la consommation à laquelle s'ajoutent 50 % de la hausse du pouvoir d'achat du salaire horaire ouvrier et employé moyen. Chaque année, un groupe d'experts remet un rapport au gouvernement qui décide du taux soit en se limitant à l'augmentation légale, soit en allant au-delà. C'est ce que l'on appelle le « coup de pouce ». Les organisations syndicales et patronales sont consultées

3. Le cadre légal actuel, pour l'essentiel, date de 1968.

dans ce processus. Cette mécanique permet de revaloriser régulièrement les plus bas salaires.

Mais l'évolution réelle de la productivité dans chaque secteur n'étant pas toujours prise en compte, la hausse du smic conduit certaines entreprises à compenser la hausse du smic par une plus forte intensité du travail.

Le grand intérêt d'un salaire minimum pour les salariés peu qualifiés est de leur assurer un revenu du travail correct. C'est l'objectif du salaire minimum tel que défini par les conventions collectives mais smic et salaire minimum de branche ne sont pas articulés. De nombreux salaires minimums se retrouvent régulièrement en dessous du smic, ce qui provoque un tassement des basses rémunérations. Au total, près de 15 % des salariés du privé sont au smic ou très près de celui-ci. Dans les trois versants de la fonction publique, le salaire minimum suit l'évolution du smic et provoque des évolutions similaires.

Si un salaire minimum doit permettre de vivre décemment, il impacte très différemment les salariés concernés selon leur lieu de résidence qui influe en particulier sur le coût du logement et des transports.

Les conséquences d'une hausse importante du smic sur l'emploi ont été évaluées par de nombreuses études : lorsque l'entreprise ne réalise pas de marge et est en concurrence sur le facteur prix, les emplois sont menacés. En effet, la hausse du salaire minimum peut augmenter les charges à un niveau tel que l'entreprise perd des ventes.

Le salaire minimum constitue indéniablement une protection vitale pour les bas salaires. Il existe dans de nombreux pays (États-Unis, Grande Bretagne, etc.). Il a été mis en place début 2015 en Allemagne où les réformes du marché du travail avaient entraîné, ces dernières années, une augmentation très importante du nombre de travailleurs pauvres (payés quelques euros de l'heure) qui ne bénéficient toujours pas des conventions collectives.

Le smic n'empêche pas la progression du nombre de travailleurs pauvres, notamment parmi les salariés qui ne peuvent accéder qu'à un travail à temps partiel. Dans une économie ouverte, le coût du travail est un facteur de concurrence. Des emplois, même utiles, ne sont pas créés lorsqu'ils ne sont pas viables économiquement, sauf à être aidés comme le sont par exemple les emplois de service à domicile qui font l'objet d'un crédit d'impôt.

Il serait utile que les partenaires sociaux se saisissent de ces problèmes et fassent des propositions. Mais jusqu'à présent, sur ce sujet, les points de vue sont loin d'être partagés.

36 *« Les syndicats de salariés sont inefficaces face à l'aggravation des inégalités de salaires »*

► **C'est en partie vrai, mais le problème est beaucoup plus profond.**

Dans le secteur privé, le revenu du travail a plusieurs composantes : salaire de base, heures supplémentaires, part variable, primes, intéressement, participation, épargne salariale. Il progresse sous l'impulsion d'une augmentation générale et/ou d'une reconnaissance individuelle. Les négociations – quand il y en a – portent en général sur le niveau global des augmentations et rarement sur les critères et la structuration des rémunérations. Le salaire est décidé au niveau de l'entreprise avec pour seule obligation de respecter le smic et les salaires minimaux fixés par la convention collective. Dans les entreprises sans présence syndicale (qui sont majoritaires), il n'y a aucune négociation ; dans les autres, celle-ci ne débouche pas toujours sur un accord.

La convention collective a un rôle non négligeable. Elle élabore les grilles de classification qui sont une référence pour les salaires de base. Cependant, les qualifications sont souvent obsolètes et ne prennent pas ou peu en compte des éléments comme, par exemple, les savoir-faire issus de l'expérience ou les compétences relationnelles. Pour les plus basses qualifications, les grilles de salaires sont au niveau du smic fixé par la loi. Le lien qualification-salaire minimum établi au niveau de la branche professionnelle est loin d'être opérationnel partout.

Les inégalités salariales trouvent leurs racines à différents niveaux. Pour les salariés qui ont les plus basses rémunérations, les dépenses contraintes (logement, énergie, transport, etc.) absorbent une grande part des revenus du travail ; cela est parfois pris en compte par des accords sur les salaires qui prévoient des augmentations en sommes fixes ou avec un plancher.

En dépit d'efforts récents, les inégalités de rémunération entre femmes et hommes sont à un niveau supérieur à 15 %[4]. Dans les grandes entreprises, l'envolée des hautes rémunérations est un signe visible de l'accroissement des inégalités.

Les écarts les plus importants se situent entre les entreprises. Tous les salariés participant à la production d'une richesse collective ne bénéficient pas d'un retour équitable. À qualification égale, le salaire dépend beaucoup de la situation économique et de la place de l'entreprise dans la filière (donneur d'ordre ou sous-traitant), de sa taille et du secteur d'activité.

La réduction des inégalités salariales est une des priorités des syndicats comme en témoignent les nombreuses négociations menées à propos des salaires réels (à l'échelle de l'entreprise), les minima de branches ou celles concernant la rémunération des fonctionnaires. Si l'efficacité de leur action est limitée, cela tient pour partie aux limites des négociations et pour partie à des objectifs pas toujours adaptés ou trop généraux.

---

4. *Les Échos*, 5 mars 2015. À compétence égale, les femmes sont moins rémunérées. Elles accèdent plus difficilement à des postes de responsabilités et, plus que les hommes, occupent des emplois à temps partiel contraint.

37 *« En s'opposant à la défiscalisation des heures supplémentaires, les organisations syndicales ont privé des salariés de possibles revenus »*

C'est vrai, mais leurs arguments méritent d'être entendus.

Le recours aux heures supplémentaires est une pratique courante dans les entreprises et les administrations. Elles donnent lieu à un paiement majoré.

La loi TEPA[5] a instauré une exonération partielle des cotisations sociales pour l'employeur et le salarié, ce dernier bénéficiant aussi d'une exonération fiscale.

Le salarié concerné en retire un bénéfice non négligeable en matière de pouvoir d'achat. L'employeur, quant à lui, bénéficie d'une baisse du coût du travail et peut utiliser l'argument de l'augmentation du pouvoir d'achat dont bénéficie le salarié pour ne pas augmenter son salaire de base.

Les syndicats qui se sont opposés à cette mesure ont développé deux sortes d'arguments :

– sur le plan de l'équité tout d'abord. La mesure coûtait cher (environ 4 milliards d'euros) et était supportée par l'ensemble de la population à travers les finances publiques. Mais elle ne bénéficiait qu'à une partie des salariés seulement puisque dans le secteur

5. Loi du 21 août 2007 en faveur du travail, de l'emploi et du pouvoir d'achat, dite « loi TEPA », mise en place par le premier gouvernement Fillon. Les dispositifs de défiscalisation des heures supplémentaires ont été abrogés en 2012.

privé, un salarié sur deux à peine est amené à faire des heures supplémentaires. Toutes les entreprises n'ont pas recours aux heures supplémentaires et ce n'est pas le salarié qui décide d'y avoir recours ;

– sur le plan macroéconomique, ensuite. Dans un pays qui souffre depuis des décennies d'un taux de chômage élevé, il vaut mieux inciter les employeurs à mettre en place des organisations du travail privilégiant l'emploi plutôt que les heures supplémentaires. L'État ne montre pas l'exemple : dans l'Éducation nationale, sur l'année 2011-2012, 73 % des enseignants ont effectué des heures supplémentaires[6].

Cette mesure met clairement en évidence le conflit entre l'intérêt individuel et l'intérêt collectif. Ce conflit oppose d'un côté une partie des salariés qui, individuellement, ont de bonnes raisons d'approuver la mesure et, de l'autre, tous ceux qui sont pénalisés par les manques à gagner en recettes fiscales ou en rentrée de cotisations. Par ailleurs, des salariés voient leur pouvoir d'achat augmenter tandis que des demandeurs d'emploi restent au chômage.

La mesure a probablement permis un blanchiment partiel du travail gris (heures non déclarées) mais est loin d'avoir mis un terme à la fraude.

---

6. *Cf.* Caroline Canon, *Note d'information, DEPP*, n° 13-08, mai 2013.

38 « Les syndicats de salariés ont des revendications irréalistes »

Faux, dans la majorité des cas.

Les élus et les syndicalistes sont les salariés ou les agents parmi les mieux informés de la situation de leur entreprise ou de leur administration. Ils le sont par les informations qui leur sont communiquées, par les discussions avec les responsables en réunion officielle et avec qui ils échangent aussi informellement. Leurs activités les amènent à entrer quotidiennement en relation avec leurs collègues de travail qui les alertent sur la situation d'un service, les questions du travail et de son organisation, un problème de qualité, des demandes d'usagers, une baisse des commandes, etc.

Apporter une réponse ou contribuer à trouver des solutions aux problèmes auxquels leurs collègues sont confrontés est la motivation principale des délégués et des élus. Ces derniers n'ont aucune envie de voir perdurer les difficultés qui pourraient mettre en cause l'avenir de l'entreprise ou d'un service de l'administration. Avoir des résultats à présenter, c'est aussi faire preuve de l'efficacité de leur travail.

Tout cela conduit, dans la grande majorité des cas, à des attitudes plutôt pragmatiques qui prennent en compte la situation telle qu'elle est. Certains leur reprochent même parfois d'être trop conciliants et d'abaisser le niveau d'exigence de leurs revendications. Beaucoup d'élus sont conscients de la nécessité de s'adapter à un monde et à une société qui changent profondément. Mais l'incertitude quant à l'évolution de l'entreprise, du service dans les mois à venir, et sur ce que seront les conditions d'emploi, peut freiner la capacité d'engagement.

Certains élus considèrent que toute solution partielle est inacceptable. D'autres prennent mal en compte les évolutions de nos sociétés et la nécessité de modifier l'organisation.

Des élus font parfois le constat que leur parole n'est pas entendue, que les négociations se limitent à un « à prendre ou à laisser » alors que de nombreux militants syndicaux veulent débattre du contenu même de la stratégie de leur entreprise et être force de proposition dans ce domaine comme dans celui de l'organisation du travail.

Quoi qu'il en soit, la très grande majorité des élus sont attachés à apporter des résultats probants et, de ce fait, formulent des revendications qui tiennent compte des réalités économiques des entreprises.

39 *« Syndicalistes et employeurs parlent trop peu des conditions de vie et de travail »*

C'est partiellement faux.

La montée puis le maintien du chômage à un niveau élevé depuis les années 1970 ont mobilisé les partenaires sociaux sur les questions d'emploi. Cette mobilisation a quelque peu occulté pendant de nombreuses années l'importance du contenu des emplois dans les débats nationaux. Par ailleurs, la mise en place des 35 heures a focalisé le plus souvent les partenaires sociaux sur les aspects de temps de travail et de rémunération, sans suffisamment prendre en compte le contenu et l'organisation du travail.

Dans les entreprises, le Code du travail précise que « l'employeur doit prendre les mesures nécessaires pour assurer la sécurité et protéger la santé physique et mentale des travailleurs » (article L.4121-1). Il est par conséquent tenu envers ses salariés d'une obligation de résultat en la matière.

Au plan national, les partenaires sociaux du secteur privé ont signé en 2008 un accord sur le stress au travail, suivi en 2010 d'un accord sur le harcèlement et la violence au travail puis, en juin 2013, d'un accord sur la qualité de vie au travail. Ce dernier précise que syndicats de salariés et organisations patronales prendront l'initiative d'examiner, au niveau de l'entreprise ou de la branche professionnelle, la possibilité d'ouvrir une négociation sur la qualité de vie, à titre expérimental. Il prévoit la définition, l'élaboration et la mise en œuvre d'actions collectives et individuelles visant à améliorer la qualité de vie au travail et à favoriser l'égalité professionnelle. Les représentants du personnel sont associés à la mise en œuvre de ces actions qui peuvent faire l'objet d'expérimentations. L'accord vise à favoriser l'expression directe des salariés sur leur travail.

Dans la fonction publique également, des accords sur la santé au travail ou la création des comités d'hygiène, de sécurité et des conditions de travail (CHSCT) ont été signés en 2009 et 2010. Un projet d'accord sur la qualité de vie au travail a quant à lui été négocié en 2014[7].

---

7. Le délai pour la signature de cet accord est fixé au 30 septembre 2015.

Un CHSCT est mis en place dans les établissements de plus de cinquante salariés. Il « a pour mission de contribuer à la protection de la santé et de la sécurité des travailleurs ainsi qu'à l'amélioration des conditions de travail. Composé notamment d'une délégation du personnel, le CHSCT dispose d'un certain nombre de moyens pour mener à bien sa mission (information, recours à un expert, etc.) et les représentants du personnel d'un crédit d'heures et d'une protection contre le licenciement. Ces moyens sont renforcés dans les entreprises à haut risque industriel. En l'absence de CHSCT, ce sont les délégués du personnel qui exercent les attributions normalement dévolues au comité[8] ».

Dans les établissements, l'ensemble des élus comme les cadres de proximité sont en permanence confrontés à des questions très concrètes de la vie quotidienne qui ont une influence sur les conditions et l'ambiance de travail : mauvaise température des locaux, dysfonctionnement des outils informatiques, absence d'eau chaude dans les douches, inadaptation des vêtements de travail par exemple. Une combinaison de dialogue formel (réunions de délégués du personnel ou de CHSCT) et informel est précieuse pour résoudre ces différents problèmes.

Les organisations syndicales mènent, le plus souvent avec l'appui de chercheurs ou des cabinets de conseils spécialisés, des travaux approfondis sur le contenu du travail pour alimenter et soutenir l'action de leurs militants et des élus et rendre ainsi leur intervention dans les établissements plus efficace.

---

8. Site du ministère du Travail, de l'Emploi, de la Formation professionnelle et du Dialogue social, 22 juillet 2015.

40 « Les syndicats ne font rien pour les salariés licenciés »

Faux. Ils s'efforcent de les aider dans la mesure du possible.

Lorsqu'une entreprise se porte mal, le premier objectif des syndicats est d'éviter ou de limiter les licenciements. Ils analysent la situation et recherchent des solutions alternatives pour protéger le maximum d'emplois. Ils ont à l'esprit qu'ignorer les problèmes et repousser par principe les suppressions d'emploi peut conduire ultérieurement à une situation sociale plus dramatique.

Lorsque des licenciements sont inévitables, la négociation de mesures sociales et de sauvegarde de l'emploi[9] vise à trouver des solutions (limitation des licenciements, alternatives économiques, reclassement interne ou externe) pour tous les salariés concernés. Les dispositifs concrets sont très variables. Ils dépendent de l'ampleur des licenciements, des moyens de l'entreprise, de sa volonté de traiter le problème, de la santé économique du territoire et de la relation que l'entreprise entretient avec celui-ci. Face aux plans de licenciements importants, des cellules de reclassement sont souvent mises en place. Leur activité et leurs résultats sont suivis par les représentants syndicaux ; il arrive que des représentants des salariés soient intégrés dans ces cellules pour être au plus près des salariés en reconversion.

---

9. La négociation d'un PSE est obligatoire dans les entreprises de plus de cinquante salariés lorsque plus de dix salariés sont concernés.

Mais tout ne se fait pas au niveau de l'entreprise. Dans de nombreux territoires, syndicats, patronat et pouvoirs publics travaillent ensemble pour aider les demandeurs d'emplois (formation, déplacements, aide financière, etc.) et rendre le territoire économiquement attractif, ce qui aidera à des embauches.

La question des salariés licenciés occupe une grande place dans les négociations nationales interprofessionnelles entre les syndicats et les organisations d'employeurs comme en témoignent le renforcement de l'assurance chômage ou le maintien des droits (formation, complémentaire santé, etc.) lorsqu'un salarié perd son emploi.

Il y a enfin l'accompagnement individuel organisé par le syndicat pour ses adhérents qui subissent un licenciement : services d'aides au projet professionnel, soutien en cas de démarches juridiques, mobilisation de réseaux pour aider à la recherche d'emploi, etc.

Les syndicats n'ont pas la responsabilité des politiques économiques. Ils œuvrent autant qu'ils le peuvent en amont pour éviter les suppressions d'emploi et en aval pour aider les salariés victimes de licenciement. Plusieurs dispositions récentes (voir idées fausses n° 18 et 19) visent à améliorer l'efficacité du dialogue social dans ce domaine.

Pour ce qui concerne les licenciements individuels, les élus et représentants du personnel accompagnent et défendent les personnes concernées dans l'entreprise et aux prud'hommes si besoin.

41 « Les organisations syndicales d'employeurs et de salariés ne se préoccupent pas des salariés précaires »

▶ C'est inexact.

Les très grandes inégalités entre précaires (CDD, intérimaires, temps partiel contraint, etc.) et salariés à temps plein et en CDI sont une évidence. Qui est responsable de la situation ? Qui essaye d'y remédier ?

Précarité et exclusions recouvrent des situations multiples : salariés en chômage longue durée (en particulier les seniors), jeunes qui sortent en échec du système scolaire, salariés en temps partiel contraints, salariés alternant CDD courts et chômage. C'est parce qu'ils se retrouvent au chômage que des salariés voient leurs ressources fortement diminuer. Les femmes employées à temps partiel contraint forment l'essentiel des travailleurs pauvres.

C'est l'entreprise qui décide du recours au temps partiel contraint, à l'intérim ou aux CDD, quelles qu'en soient les raisons. Dans un certain nombre de cas, elle ne peut pas faire autrement (remplacement d'un salarié en arrêt) ; dans d'autres, les pratiques sont contestables (succession de CDD pendant des années sur un poste en réalité permanent).

D'une manière générale, les syndicats agissent pour réduire la précarité en militant par exemple pour la transformation des CDD en CDI. Des employeurs sont aussi sensibles à ces questions et mettent en place des moyens (aide financière, tutorat, implantation d'activités) pour aider spécifiquement des jeunes ou des moins jeunes en situation d'exclusion, en particulier dans des zones marquées par un chômage élevé. Dans certains territoires, les forces vives agissent pour le développement de l'activité et de dispositifs adaptés de formation. Dans certaines branches, des accords traitent de la situation des plus précaires ; ainsi, la branche de l'intérim conclut régulièrement des accords mettant en place des garanties spécifiques aux salariés de ce secteur.

C'est aussi l'un des objectifs des accords nationaux sur l'assurance chômage, l'emploi ou la formation avec, par exemple, la création du compte personnel de formation, désormais attaché à la personne. Ainsi, un salarié conserve ce droit lorsqu'il quitte son entreprise ou se retrouve au chômage. Il en va de même pour la généralisation de la complémentaire santé à tous les salariés. Ces accords ne font pas l'unanimité ; certains trouvent qu'ils prennent trop peu en compte les plus fragiles mais personne ne prétend qu'ils sont suffisants.

Cependant les négociations pour parvenir à ces résultats sont difficiles. L'amélioration des droits entraîne des cotisations ou des contributions supplémentaires et/ou de nouvelles contraintes pour les employeurs. Les négociateurs doivent donc batailler ferme pour convaincre leurs mandants. Parfois, ces accords prennent trop de temps à être effectifs et leurs effets sont limités car ils ne sont pas mis en œuvre comme le souhaitent ceux qui ont conclu les accords en question.

42 « Les accords conclus par les organisations patronales et salariales conduisent à l'assistanat »

Non, loin s'en faut.

Certains considèrent que les systèmes de protection sociale déresponsabilisent ceux qui en bénéficient, conduisant ainsi à ce qu'ils appellent « assistanat ». En réalité, ces systèmes, dont nous bénéficions tous, ont pour but d'éviter les situations de trop grande précarité.

Les partenaires sociaux ont un rôle limité sur les prestations que perçoivent les salariés ou leur famille. Certes, ils négocient et concluent des accords concernant le chômage, les retraites complémentaires ou encore les complémentaires santé, mais d'autres prestations importantes comme l'assurance maladie et les retraites de base sont gérées par l'État qui les y associe à des degrés divers.

Nos systèmes de protection sociale trouvent leurs origines au début de l'ère industrielle, à une époque où les conditions de vie et de travail étaient particulièrement difficiles. À l'origine, les victimes d'accidents, les chômeurs et leurs familles ne subsistaient que par les œuvres de charité. Les sociétés de secours mises en place sous la pression des syndicats ouvriers dans certaines professions concernaient principalement les accidents du travail et le chômage. Le Code du travail s'est constitué sous la pression des syndicats ouvriers dans certaines professions pour lutter contre ces fléaux. Il a fallu du temps pour que ces formes d'assurance, qui ne concernaient au départ qu'une petite partie du monde du travail, soient étendues à tous avec le droit d'extension des conventions collectives en 1936.

C'est en 1945 qu'a été créée la Sécurité sociale, qui a beaucoup évolué pour devenir ce que nous connaissons aujourd'hui. Elle a été suivie, en 1958, par l'assurance chômage dans un contexte de plein-emploi qui s'est achevé vers la fin des années 1970. Le système était alors généreux (indemnisation à hauteur de 90 % du salaire brut) mais, au fur et à mesure de la progression du chômage, les conditions se sont durcies. Actuellement, environ un demandeur d'emploi sur deux n'est pas indemnisé par l'assurance chômage.

Tous ces systèmes sont de forme assurantielle. Entreprises et salariés cotisent pour que le salarié chômeur, malade ou accidenté reçoive une aide dont le montant tient compte de son salaire antérieur. Les cotisations perçues financent les prestations versées. Ces dernières années, ces dispositifs étant déficitaires, se pose régulièrement la question du niveau des cotisations et/ou celui des prestations. C'est dire si les débats entre patronat et syndicat sont tendus chaque fois qu'il y a renégociation des accords.

Le débat à propos de ceux qui « profitent » du système ou sur l'assistanat est récurrent. Certes, la fraude existe (elle est davantage le fait de travail non déclaré que de fraude aux prestations) mais des efforts sont faits pour la réduire. L'accès aux prestations est souvent complexe ou difficile. Beaucoup de travailleurs pauvres ne perçoivent pas le « RSA activité » auquel ils ont droit. La très grande majorité de ceux qui n'ont pas de travail aspirent à en trouver un et beaucoup supportent mal de survivre grâce aux prestations sociales.

43 « Les organisations patronales et syndicales ont un fonctionnement trop coûteux »

► **C'est faux.**

Le budget moyen d'une organisation syndicale au plan national représente environ 1 euro par salarié. Celui d'une organisation syndicale d'employeurs, au maximum 10 euros par entreprise. Les organisations nationales interprofessionnelles d'employeurs ou de salariés prennent en compte la situation de l'ensemble des entreprises ou de l'ensemble des salariés, ce qui entraîne des coûts de fonctionnement bien supérieurs à la seule prise en charge de leurs adhérents.

Le syndicalisme de salariés part de l'entreprise. Au fil de son histoire, il s'est structuré en syndicats de métiers, puis en syndicats professionnels de branches. Il s'est aussi structuré au niveau local dans les Bourses du travail puis au niveau interprofessionnel. Cette structuration lui permet de défendre les intérêts des salariés sur leur lieu de travail et de négocier sur des sujets plus généraux comme l'assurance chômage, les retraites complémentaires, etc. Cela aboutit à une organisation compliquée : prendre des décisions mobilise beaucoup de personnes réparties dans plusieurs lieux et prend donc beaucoup de temps.

Les organisations patronales ont une structure assez voisine. Comme les organisations syndicales de salariés, elles ont un fonctionnement associatif : le rôle des adhérents est prépondérant, ce qui tranche avec le fonctionnement des entreprises, où le pouvoir du dirigeant est prééminent.

Syndicalistes salariés et employeurs conviennent que ces modes de fonctionnement, bien que légitimes, mériteraient d'être plus réactifs dans un monde qui bouge très vite.

Organisations syndicales d'employeurs et de salariés doivent financer *via* leurs budgets une multitude de fonctions : négociations, concertations, études, services aux adhérents et aux salariés, communication, etc. Elles ont toutes des publications destinées à leurs adhérents ou à un public plus large. Elles doivent également prendre en charge les secteurs et les entreprises dans lesquels il n'y a pas ou très peu de présence syndicale.

La rémunération des salariés de ces organisations (permanents, experts, etc.) constitue le premier poste de dépenses, ce qui n'a rien d'étonnant ; les coûts des loyers, de la communication et des déplacements ne sont pas négligeables. La prise en charge des dimensions européenne et internationale est également coûteuse (déplacements, traductions, documentation, etc.).

Mis à part quelques situations marginales qui ont défrayé la chronique, les organisations syndicales d'employeurs et de salariés se livrent rarement à des dépenses injustifiées.

Pour se faire sa propre opinion, il suffit de consulter les comptes des organisations nationales qui sont précédés d'une certification par un commissaire aux comptes. Ils sont généralement accessibles sur leurs sites Internet. Depuis la loi d'août 2008, la publication des comptes de toutes les organisations syndicales et patronales (même locales) est devenue obligatoire [10].

44 *« Les organisations syndicales et patronales ne savent pas utiliser les réseaux sociaux »*

▶ **Vrai, mais elles s'améliorent.**

Selon une étude de l'Ifop, 86 % des internautes se déclarent membres d'au moins un réseau social [11]. Bien qu'ils représentent plus d'un tiers des utilisateurs, les moins de 25 ans n'ont pas le monopole des réseaux sociaux : 36 % des usagers de Twitter ont entre 35 et 54 ans. Autant de personnes auprès desquelles les organisations syndicales et patronales peuvent diffuser leurs messages. Encore faut-il qu'elles soient actives sur les réseaux en question. Seules trois d'entre elles ont une activité supérieure à 3 000 tweets (20 500 [12] pour la plus active) et certaines n'ont pas de compte Twitter. On est très loin de journaux comme *Le Monde* ou *Les Échos*, qui ont produit plus de 120 000 tweets depuis la création de leur compte [13]. Sur Facebook, l'ensemble des organisations syndicales de salariés et d'employeurs obtient moins de 10 000 mentions « J'aime ». *Le Monde* en

---

10. Les syndicats de salariés et les organisations professionnelles sont tenus de déposer leurs comptes au *Journal officiel* si leur budget dépasse 230 000 euros.
11. Ifop, « Observatoire des réseaux sociaux 2013 ».
12. Au 15 juillet 2015.
13. *Idem*.

obtient plus de 2 millions et *Les Échos* 400 000. Certes, le champ d'action d'une organisation syndicale ou patronale n'est pas comparable avec celui d'un grand quotidien, mais de tels écarts montrent bien qu'il reste du chemin à parcourir.

Seules trois organisations possèdent une page sur un réseau tel que LinkedIn, mais aucune ne dépasse le cap des 3 000 abonnés. Certaines ont également une page pour leurs sections d'entreprise ou leurs branches, mais là encore cette pratique est peu courante.

Quelques grandes entreprises ont développé un réseau social interne pouvant être utilisé par les syndicats à la suite d'un accord d'entreprise. Cette pratique reste cependant limitée.

Les réseaux sociaux ne constituent pas, loin s'en faut, l'outil privilégié de communication interne et externe des organisations syndicales et patronales. Elles gagneraient sans doute à y être plus présentes. Mais il ne faut pas oublier que les partenaires sociaux traitent de sujets qui nécessitent – en plus des communications via les réseaux sociaux – des rencontres « physiques » de travail entre les différentes personnes concernées par les dossiers à traiter.

45 *« Les syndicalistes et directeurs de ressources humaines passent leur temps en réunions au lieu d'être sur le terrain »*

▶ C'est faux : réunions et présence sur le terrain se complètent.

Le temps passé au sein des instances par un directeur des ressources humaines ou un élu varie beaucoup d'une entreprise à l'autre. Dans une entreprise moyenne, il correspond à moins d'une journée par mois. Il est en général plus important lorsque la structure est grande. La consultation des instances n'est donc pas trop chronophage, même s'il est parfois nécessaire de veiller à ce qu'elle soit plus efficace. Elle permet en outre de traiter de nombreux sujets : la formation, l'activité de l'entreprise ou du service, l'organisation du travail, la santé et les conditions de travail, la prévention des risques dans les CHSCT, les problèmes individuels dans les réunions de délégués du personnel, les carrières dans les commissions administratives paritaires (CAP) pour la fonction publique, etc.

Par ailleurs, selon l'intensité du dialogue social, les délégués syndicaux peuvent parfois être mobilisés pour des cycles de réunions de négociation ou de concertation avec la direction, souvent représentée par le directeur des ressources humaines pour traiter de sujets structurants comme les salaires, l'égalité femme-homme, la gestion prévisionnelle de l'emploi et des compétences, etc.

Dans la fonction publique, les négociateurs des accords de Bercy de 2008 sont partis du constat que le fonctionnement des instances était trop souvent formel et ont souhaité une véritable rénovation du dialogue social passant par l'organisation de la négociation à tous les niveaux pertinents, sur tous les sujets concernant les personnels et les établissements.

Dans les entreprises, la loi relative au dialogue social et à l'emploi du 17 août 2015 a prévu de mieux articuler les informations, les consultations et négociations obligatoires en vue d'atteindre une meilleure cohérence et une plus grande efficience.

Globalement, à moins que les relations sociales ne se limitent à un pur formalisme, le temps passé en réunions entre les syndicats, les élus du personnel et la direction favorise la compréhension mutuelle et permet d'éviter de nombreux conflits, voire de se mettre d'accord. Construire un dialogue sérieux prend du temps, mais sert à terme l'intérêt des salariés tout en améliorant le climat dans lequel travaille l'encadrement.

Par ailleurs, des syndicalistes et des dirigeants patronaux participent à des réunions hors de l'entreprise pour y représenter leurs organisations respectives. Ils y apportent une connaissance précieuse des réalités de terrain ; en retour, ils élargissent leur regard et en font bénéficier leur entreprise. Ce n'est donc pas du temps perdu.

En dehors des réunions d'instances ou de négociation, les responsables syndicaux se rencontrent pour les préparer, échanger entre eux et avec leurs collègues sur des négociations en cours ou à venir, comprendre les attentes des salariés et l'évolution des activités de l'entreprise dans son environnement. Ce temps est précieux pour remplir utilement leurs missions qui exigent un lien constant avec les salariés.

De son côté, un directeur des ressources humaines ne consacre qu'une partie de son temps aux relations avec les élus ou les syndicalistes. Il a généralement le souci de s'intégrer dans l'équipe de direction pour y porter les préoccupations concernant les ressources humaines et il est en appui de l'encadrement de proximité pour traiter les sujets de la vie collective ou des situations individuelles difficiles.

46 *« Les journées nationales d'action ne servent à rien »*

▶ **Cela dépend de quoi on parle.**

Elles peuvent être professionnelles ou interprofessionnelles et parfois même recouvrir une dimension internationale. Cette hétérogénéité empêche un jugement général.

Lorsque l'on s'interroge sur l'utilité des journées d'action, on fait généralement référence aux journées nationales interprofessionnelles. Certaines ont concerné des sujets très précis – les réformes des retraites, par exemple. D'autres sont de portée plus générale en référence à la crise ou aux politiques économiques. Certaines sont nationales parce que l'employeur (ou le décideur) est l'État. C'est par exemple le cas des journées organisées par les fonctionnaires contre le blocage de la valeur du point.

L'utilité de ces journées d'action ne peut s'apprécier de manière homogène : elle dépend de l'objectif visé. Une action destinée à peser sur une séance de négociation qui se tient ce jour-là peut être évaluée le soir même. Si une journée d'action est intégrée à un processus à plus long terme ou s'il s'agit d'affirmer un point de vue, son efficacité est plus complexe et ne peut se résumer à son impact immédiat. Une journée d'action organisée en marque de solidarité avec des travailleurs victimes de drames à l'autre bout du monde ne permettra pas toujours un changement d'attitude des responsables. Pour autant, l'impact de telles mobilisations peut être important sur le comportement des acteurs : c'est le cas des actions sur la liberté dans le monde, le travail des enfants, la défense de l'environnement, etc. Plus le nombre de participants et le poids qu'ils représentent au regard de la population concernée est important, plus l'action a de portée.

Si certaines de ces journées d'action sont le fruit d'un appel unanime des organisations syndicales, ce n'est pas systématiquement le cas. Rien d'étonnant donc à ce que l'on observe des jugements variables sur la réussite et l'utilité de ces initiatives.

47 *« Les syndicats se contentent de traiter des points secondaires plutôt que de s'attaquer aux causes des problèmes »*

▶ **C'est complètement faux.**

Les sujets de discussions entre les directions d'entreprise et les syndicats sont pour la plupart très importants. L'analyse des accords conclus dans les entreprises en atteste. Sur l'année 2014, dans l'ordre décroissant du nombre d'accords, ces derniers ont concerné : les salaires, la durée du travail, l'intéressement et la participation, l'emploi, etc. [14]. Difficile d'affirmer qu'il s'agit là de sujets mineurs qui n'intéressent pas les salariés.

On peut par contre être étonné de ne pas y trouver les conditions de travail ou l'égalité hommes-femmes, mais cela ne signifie pas que ces sujets ne font pas l'objet de discussions sérieuses au sein des CHSCT. Aux priorités traitées par les accords collectifs, il faut en effet ajouter les différentes missions attribuées au comité d'entreprise, aux délégués du personnel ou au CHSCT. Ces missions concernent des sujets sociaux et économiques importants bien traités là où le dialogue social est mené sérieusement et donnent souvent lieux à des négociations informelles.

Tous ceux qui sont convaincus de l'utilité du dialogue social – et ils sont nombreux – savent que le respect de l'autre partie et la sincérité des échanges sont des conditions incontournables d'efficacité.

Si des sujets importants pour les salariés n'ont pas la place qu'ils méritent au sein du dialogue social, ce peut être par un refus de principe de l'employeur, un manque d'intérêt des élus ou encore d'autonomie de la direction locale. Il y a encore trop d'endroits où les directions générales ne s'impliquent pas dans le dialogue social et n'assignent aux directions des ressources humaines qu'un seul objectif : le maintien de la paix sociale.

---

14. « La négociation collective en 2014 », bilan réalisé par le ministère du Travail, de l'Emploi et du Dialogue social, la Direction générale du travail et la Direction de l'animation de la recherche, des études et des statistiques, mai 2015.

La place accordée à la stratégie (activité, prospective, investissements) et son lien à l'organisation du travail (emploi et contenu du travail) est un enjeu capital[15]. Sa prise en compte progresse, signe que le dialogue social devient plus mature.

Lors des dernières négociations (non abouties) concernant le dialogue social, les partenaires sociaux souhaitaient que soit décidé au niveau de chaque entreprise un agenda social. Ce serait une bonne méthode pour sélectionner les sujets importants et prioritaires.

48 *« Le dialogue social ne prend pas en compte les évolutions de long terme »*

▶ **Faux.**

Bien que ses effets sur les dysfonctionnements soient immédiats et de fait plus visibles, le dialogue social intervient aussi sur des enjeux de plus long terme.

À l'automne 2007, le Grenelle de l'environnement a rassemblé pendant plusieurs semaines des représentants du patronat, des syndicats de salariés, des ONG environnementales, des collectivités locales et des pouvoirs publics. Au sein de plusieurs groupes de travail, ils ont

---

15. D'après un sondage Opinion Way de janvier 2014 « Le dialogue social : arme contre le chômage et pour la croissance ? » réalisé pour Société en mouvement, 81 % des 1 061 personnes interrogées estiment qu'un dialogue social de qualité est « un bon moyen d'améliorer les conditions de travail des salariés » et 74 % qu'il est « un bon moyen de contribuer à la croissance et à la performance des entreprises ».

élaboré des propositions visant à rendre compatibles dans le futur les enjeux environnementaux, économiques et sociaux. Les propositions avancées prenaient en compte la nécessité de limiter le réchauffement climatique à 2 °C d'ici la fin du siècle.

La Commission nationale du débat public (CNDP) assure que le débat public permet aux citoyens de donner leur point de vue sur les grands projets du futur comme : les nanotechnologies, l'enfouissement des déchets nucléaires, la construction d'une ligne à grande vitesse, etc. La CNDP est pilotée par une commission de vingt-cinq membres parmi lesquels des représentants des syndicats de salariés et du patronat qui participent aussi aux débats en question.

Cette nécessité de se projeter au-delà de l'actualité est aussi prise en compte dans les relations sociales nationales interprofessionnelles. Les négociations proprement dites sont souvent précédées d'une phase d'état des lieux et de diagnostic qui est l'occasion d'auditionner des experts afin d'anticiper les évolutions et de les prendre en compte dans la négociation. C'est aussi pour prendre du recul et ne pas en rester au traitement de l'actualité que patronat et syndicats ont créé une commission du « dialogue économique » qui a débouché sur un tableau de bord puis sur deux rapports [16] produit par les organisations patronales et trois organisations syndicales.

Le constat de la nécessité d'anticiper est largement partagé par tous les décideurs mais la mise en pratique de

---

16. « Approche de la compétitivité française » (mai 2011) et « Réinventer la croissance » (juin 2011).

cette conviction est un art difficile. Ainsi, suite au Grenelle de l'environnement, la mise en place d'une écotaxe avait été adoptée par le Parlement (majorité et opposition confondues) mais elle n'a pas résisté aux manifestations des bonnets rouges de l'automne 2013.

Les responsables politiques, économiques et sociaux se doivent d'anticiper et d'agir sur le long terme. Les enjeux électoraux et la pression médiatique rendent l'exercice difficile pour tous, même s'ils pèsent moins sur les partenaires sociaux. Pour eux, en revanche, parvenir à un compromis passe d'abord par la capacité de chaque partie à définir un point de vue majoritaire. *In fine*, l'obligation du compromis patronat-syndicat se différencie de la démocratie politique qui gère la décision par la règle du jeu majoritaire au Parlement.

49 *« Les organisations syndicales et patronales ne se préparent pas à la révolution numérique »*

▶ **Elles ne s'y intéressent pas encore assez.**

Aujourd'hui, pas une semaine ne se déroule sans un colloque ou un débat sur la généralisation du numérique et ses conséquences probables sur l'économie mais les organisations syndicales et patronales en sont rarement à l'initiative. Il arrive cependant qu'elles organisent des échanges sur le sujet ou participent à ceux initiés par d'autres. Beaucoup d'entre elles ont commencé des travaux et des débats internes y compris au niveau européen à propos de la révolution numérique. L'opinion publique n'a pourtant que très peu connaissance de cette réalité.

La robotique est présente depuis longtemps dans l'industrie et connaît de nouveaux développements. Le numérique est le cœur de métier de bon nombre d'entreprises. Ce sont autant de lieux où employeurs et représentants des salariés traitent régulièrement de l'impact de ces technologies.

La transformation par le numérique d'une grande partie de l'économie n'en est qu'à ses débuts et les questions qu'elle pose commencent à émerger. Tout le monde s'accorde sur le fait que le numérique supprimera des tâches et des emplois mais permettra en même temps de créer de nouvelles activités et de nouveaux emplois. Les emplois créés seront-ils suffisants face à ceux qui disparaîtront ? Quel en sera le contenu ? Comment prendre en compte le devenir des personnes concernées, les compétences qui seront nécessaires et les besoins en formation qui en résultent, les évolutions de la nature et de l'organisation du travail ?

Se pose aussi la question de la protection des données qui impacte les citoyens mais aussi les salariés et leurs rapports avec leurs employeurs.

Que vont devenir le statut « salarié », les systèmes de protection sociale et leurs modes de financement ? Le numérique permet en effet l'arrivée de nouveaux acteurs venant concurrencer les entreprises en place (avec dans certains cas des personnes qui n'ont plus le statut de salarié), sans que l'on puisse toujours facilement apprécier et localiser le chiffre d'affaires et les bénéfices réalisés (c'est le cas de ce qu'on appelle « l'économie du partage »).

Beaucoup d'entreprises et d'administrations vont être confrontées à cette mutation de l'économie et la gestion de cette transition est une des responsabilités des organisations syndicales et patronales. Il faudra aussi adapter les modalités du dialogue social à cette nouvelle donne.

Les sujets de travail ne manquent pas et, dans beaucoup de domaines, les règles actuelles risquent d'être balayées. Conscientes de ces défis et enjeux, la plupart des organisations ont commencé à s'en préoccuper. C'est une course de vitesse tant les technologies et leur application évoluent vite et l'innovation est forte.

QUATRIÈME PARTIE

LE DIALOGUE SOCIAL DANS LES BRANCHES ET L'INTERPROFESSIONNEL NE SERT À RIEN

50 « Les permanents syndicaux ne connaissent pas la réalité du travail »

▶ **Bien sûr que si.**

Les permanents syndicaux[1] sont des personnes engagées dans leurs organisations pour y travailler à temps plein pendant quelques années sur différentes missions sur le plan territorial, sectoriel et national. Ils ne représentent que quelques milliers de personnes sur le million de représentants des salariés présents dans les entreprises, la fonction publique, les fédérations et les confédérations. Il serait injuste de dire qu'ils sont déconnectés de la réalité dont ils sont issus.

Dans les établissements, la très grande majorité des élus du personnel (délégués du personnel, élus au comité d'entreprise ou au comité technique, membres d'un CHSCT) passent l'essentiel de leur temps à leur activité professionnelle. En général, ils disposent de 15 à 20 heures mensuelles pour leurs activités d'élus. Même en prenant en compte le temps passé en réunion d'instances, on peut estimer que leur activité professionnelle occupe entre 80 et 90 % de leur temps. Ils connaissent bien les réalités du travail, ne serait-ce que parce qu'ils les vivent au quotidien.

Cependant, dans les grandes entreprises ou administrations, comme dans les fédérations professionnelles qui regroupent au niveau national toutes les entreprises d'un secteur, les syndicats ont besoin de permanents. Ces

---

1. Qui peuvent être par ailleurs aidés par des salariés recrutés sur leurs compétences techniques.

derniers ont pour fonction de coordonner le travail des militants des entreprises et de créer tous les dispositifs indispensables pour qu'ils puissent accomplir leur travail d'élus ou de représentants. Ils doivent aussi, au niveau des branches professionnelles, négocier les conventions collectives et les accords applicables à toute la branche ainsi que traiter des problèmes (économiques, sociaux, etc.) complexes concernant une grande diversité d'entreprises.

À titre d'exemple, la métallurgie regroupe des entreprises de la construction automobile, de la construction aéronautique, des fonderies, des fabricants de puces électroniques, de chaudières, etc. Certaines de ces entreprises emploient essentiellement des cadres, d'autres quasi uniquement des ouvriers impliquant ainsi des problèmes et des questions très spécifiques.

Au niveau national interprofessionnel, la diversité et la complexité des sujets à traiter est plus vaste encore. Le recours à des permanents spécialisés dans différents domaines (salaires, conditions de travail, formation, etc.) est donc indispensable pour parvenir à maîtriser l'ensemble de ces problématiques. Sans ces permanents, il faudrait recourir à des experts extérieurs, ce qui amoindrirait la prise en compte des réalités du terrain.

De plus en plus, ces responsabilités sont limitées dans le temps, ce qui évite l'éloignement du terrain et favorise le renouvellement des responsables. Cependant, pour les permanents d'organisations de salariés ou d'employeurs, la réinsertion professionnelle est difficile. Elle pourrait s'en trouver facilitée par la reconnaissance des compétences acquises dans l'exercice d'un mandat. Cela permettrait d'éviter quelques situations où certains se sont petit à petit enfermés dans leur monde et comprennent mal celui qui les entoure.

Un syndicat qui a l'ambition de représenter au mieux la diversité des salariés et de défendre leur intérêt commun a l'obligation de travailler avec des permanents. La vraie question, c'est la manière dont ces derniers s'organisent pour connaître les réalités du travail et leurs évolutions. C'est une tâche difficile qui ne concerne pas uniquement les représentants des salariés ou des employeurs mais tous ceux qui ont une fonction de représentation (associations, élus des collectivités ou de la nation).

51 *« Les organisations syndicales et patronales sont incapables de trouver des compromis »*

► **C'est largement faux.**

Au niveau des entreprises, la négociation se développe et la tendance nous rapproche de nos collègues européens. En 2014, l'administration a recensé 36 528 accords d'entreprise[2] entre direction et organisations syndicales, élus et mandatés (elle n'a pas connaissance de tous ceux qui sont conclus et la négociation est quasiment absente dans les petites et très petites entreprises). La plupart du temps, quand un accord est conclu, il est signé par tous les syndicats présents dans l'entre-

---

2. Cf. « La négociation collective en 2014 », *Bilans et rapports du ministère du Travail, de l'Emploi et du Dialogue social.*

prise. Ainsi en 2014, sur la totalité des accords conclus, les syndicats présents et participant à la négociation ont signé l'accord dans 84 % des cas pour la CGT, 89 % pour la CFTC, 89 % pour FO, 91 % pour la CFE-CGC, 94 % pour la CFDT.

Historiquement, la France n'est pas un pays précurseur en matière de dialogue social, mais elle progresse, en particulier au niveau des entreprises où les directions et les syndicats savent construire des compromis.

La France se distingue par le poids déterminant de la loi. À titre d'exemple, prenons le cas du salaire minimum. Dans la plupart des pays européens, syndicats et patronat, très attachés à ce qu'ils appellent l'autonomie tarifaire, négocient les salaires minima sans aucune intervention des pouvoirs publics. *A contrario*, en France, le smic est institué par la loi et sa mise en œuvre relève de la décision unilatérale des pouvoirs publics (voir idée fausse n° 35). Son application vient bousculer la négociation des minima de branche. Pour les employés dont le salaire est voisin du smic, l'évolution du salaire minimum de leur branche professionnelle est généralement insignifiante. Lorsqu'un accord est conclu au niveau de la branche professionnelle, seules les entreprises adhérentes au syndicat professionnel qui a conclu l'accord ont l'obligation de l'appliquer, ce qui, dans un premier temps, laisse en dehors beaucoup d'entreprises et de salariés. Ce n'est que si les pouvoirs publics décident « l'extension »[3] de l'accord que celui-ci s'applique dans

---

3. Dans la pratique, beaucoup d'accords (interprofessionnels ou de branches) font l'objet d'une extension, le plus souvent à la demande des signataires eux-mêmes.

toutes les entreprises de la branche y compris celles qui ne sont pas adhérentes.

Cependant, depuis plusieurs décennies, une évolution nous rapproche des pratiques des autres pays européens. La plus significative d'entre elles est la loi de janvier 2007, dite « loi Larcher » (voir idée fausse n° 1). Elle oblige le gouvernement, lorsque celui-ci veut légiférer dans le domaine social, à s'adresser aux partenaires sociaux en leur proposant de négocier préalablement sur le sujet. C'est en fait une adaptation à la française du « protocole de Maastricht » qui a institué ce genre de dispositifs au niveau européen. Depuis cette loi, les pratiques changent, non seulement entre patronat et syndicats vis-à-vis du gouvernement, mais aussi entre les partenaires sociaux eux-mêmes qui, par exemple, décident chaque année d'un agenda social dans lequel ils listent les travaux (concertation, négociation, etc.) qu'ils vont engager.

Mais trop de branches, dont certaines ne recouvrent qu'un faible nombre d'entreprises et de salariés, n'ont pas de réelle activité. La bonne articulation entre la négociation d'entreprise et la branche professionnelle est un vrai sujet.

52 *« Les organisations syndicales de salariés ne peuvent rien face aux multinationales et à la finance »*

▶ Si leur pouvoir est limité, leur action n'est pas insignifiante.

Au fil des dernières décennies, ceux qui détiennent le pouvoir financier ont accru leur pression sur le monde économique et certaines formes de financement des entreprises laissent peu de marge aux dirigeants et aux salariés. C'est le cas en particulier lorsque des fonds se préoccupent essentiellement de la valeur de l'action et de la rentabilité financière, reléguant au second plan la pérennité de l'entreprise ou son développement à long terme.

Mais tous les investisseurs n'ont pas ce comportement. Ils sont de plus en plus nombreux à formuler des exigences sociétales auprès des gestionnaires de fonds d'investissements qui les répercutent dans leurs rapports avec les entreprises. C'est ce que l'on appelle l'Investissement socialement responsable (ISR). Les fonds ISR sont investis dans des entreprises qui répondent à une série de critères : gouvernance, droits sociaux, respect de l'environnement, etc. C'est une pratique que l'on trouve dans pratiquement tous les pays développés et plus particulièrement en Europe. Ces placements, proposés par la plupart des banques et des sociétés d'assurance, représentent en France environ 150 milliards d'euros. La CFDT, la CFE-CGC, la CFTC et la CGT ont créé ensemble en 2002 le « conseil intersyndical de l'épargne salariale » qui définit des critères de gestion et de placement de l'épargne salariale. À partir de ces critères, il labellise (ou non) les fonds d'épargne proposés par les établissements financiers permettant aux salariés ou à leurs représentants gestionnaires de cette épargne de choisir en connaissance de cause où et pourquoi ils placent leur argent. Plus de 12 milliards d'euros d'épargne salariale (soit plus de 20 % de celle-ci) sont placés dans les fonds bénéficiant de ce label intersyndical.

Ce système s'inspire d'une initiative syndicale québécoise qui a permis la création du Fonds des travailleurs du Québec pour gérer à grande échelle le placement de l'épargne des salariés. Cette organisation détermine l'investissement de ces fonds en fonction de critères économiques et sociaux, refusant le seul objectif du rendement financier.

Des ONG et certains syndicats exercent une pression contre les pratiques les plus contestables du monde de la finance. Ainsi, l'échange de données bancaires entre les pays progresse et fait reculer le secret bancaire. Même si la nécessité d'agir contre les paradis fiscaux n'est plus guère contestée, il reste beaucoup à faire.

Des entreprises de plus en plus nombreuses prennent les moyens de rendre effectifs dans leurs comportements les principes de la Responsabilité sociale des entreprises (RSE) : objectifs et indicateurs managériaux, sociaux, environnementaux, transparence et communication des résultats, etc. La notation sociale des entreprises qui évalue ces comportements se développe.

Certaines multinationales ont des comportements très contestables vis-à-vis de leurs sous-traitants et clients et/ou se sont malheureusement illustrées dans le pillage des ressources de pays en développement.

Les États sont confrontés aux pratiques d'optimisation fiscale d'entreprises qui mettent en place des circuits compliqués et opaques de circulation des profits entre leurs innombrables filiales et parviennent à ne payer aucun impôt dans des pays où elles réalisent pourtant une partie de leurs activités et bénéfices.

Quoi qu'il en soit, la majorité des entreprises ont compris que leur réputation est en jeu. La dénonciation de Nike qui faisait travailler des enfants l'a obligé à mettre rapidement un terme à ces pratiques.

Depuis quelques années, dans plusieurs grandes multinationales (essentiellement européennes), employeurs et représentants des salariés ont conclu des Accords-cadres internationaux (ACI) dans lesquels l'entreprise s'engage à respecter les droits sociaux et les règles internationales de protection des travailleurs partout où elles sont implantées dans le monde[4]. Certaines se sont engagées à exiger le même comportement de la part de leurs sous-traitants. Cependant, le drame de Rana-Plaza au Bangladesh, en avril 2013, confirme que beaucoup reste à faire. Dans cette entreprise textile, 1 100 travailleuses ont péri et 2 000 ont été blessées dans l'effondrement de l'immeuble où elles travaillaient. L'action des organisations syndicales locales, mais aussi celle des pays où sont installés les donneurs d'ordre (en France notamment) ainsi que le travail au sein de l'Organisation internationale du travail (OIT) ont abouti à des mesures pour préserver la santé et

4. Affiliés à leur structure européenne (CES) et mondiale (CSI), les syndicats français ont pu négocier plus d'une centaine d'accords cadres internationaux (ACI) dans plusieurs grands groupes.

les droits des travailleurs. Dans un accord conclu avec les syndicats, des grandes marques occidentales se sont engagées à prendre en compte la sécurité des travailleurs dans la relation avec leurs sous-traitants. Au Bangladesh, les droits des travailleurs à s'organiser et à défendre leurs conditions de travail sont mieux reconnus ; des victimes peuvent enfin être indemnisées, même si tous les donneurs d'ordres n'y participent pas pour le moment.

Parvenir à une régulation efficace de la finance et à un comportement responsable des multinationales est une action de longue haleine. L'intervention des syndicats et des entreprises dans ce domaine ne peut trouver sa pleine efficacité qu'en agissant avec toutes celles et tous ceux qui poursuivent cet objectif.

53 *« Les syndicats devraient refuser la mondialisation »*

► **C'est une vision simpliste.**

Nous consommons ou utilisons régulièrement des produits venant d'ailleurs et nous aurions du mal à nous en passer. Une bonne partie des matières premières indispensables à notre vie quotidienne ne sont pas sur notre sol. C'est le cas de l'énergie par exemple : en 2012, la France a acheté pour 86 milliards d'euros de pétrole, gaz naturel, charbon, etc.

Parallèlement, pratiquement 30 % de ce que produisent les salariés français est vendu dans le monde entier : paquebots fabriqués à Saint-Nazaire, hélicoptères à Marignane et aussi produits agroalimentaires, produits de luxe, etc. Une partie de ce qui est produit sur le territoire national (avions, fusées, etc.) intègre des éléments élaborés dans d'autres pays.

Les exportations procurent du travail à des millions de salariés et permettent de financer nos importations. Refuser ces échanges aurait des conséquences sociales et économiques désastreuses. Des entreprises françaises investissent dans le monde pour se rapprocher de leurs marchés avec des effets bénéfiques sur leurs activités en France.

Si, globalement, les salariés français seraient les grands perdants d'une fermeture des frontières, leurs syndicats revendiquent une régulation beaucoup plus efficace des échanges. Les organisations syndicales internationales militent pour la mise en œuvre de normes sociales plus protectrices des salariés et plus effectives pour réduire le dumping social lié à l'importation de produits fabriqués dans des conditions inacceptables. Elles soutiennent le renforcement et l'harmonisation des normes sociales, fiscales et environnementales au sein de l'Union européenne. Ces objectifs sont en partie soutenus par les entreprises qui voient les effets négatifs des concurrences déloyales. C'est ainsi que les employeurs du bâtiment ont alerté les pouvoirs publics sur un recours abusif aux « travailleurs détachés » qui crée un vrai dumping social.

Au plan mondial, la globalisation des échanges a permis à un très grand nombre de travailleurs de sortir de la pauvreté (selon les chiffres de l'ONU, on serait passé, entre 1981 et 2011, de 1,9 à 1 milliard de personnes vivant sous le seuil de pauvreté). Dans le même temps, la progression des inégalités de revenus et/ou de patrimoines n'a pas été enrayée.

Les syndicats travaillent à des solutions européennes et internationales pour renforcer la régulation et l'harmonisation des normes.

54 *« Les partenaires sociaux n'adaptent pas les rôles des branches et des territoires aux évolutions de la société et du monde du travail »*

► **Ils ont commencé, mais il reste beaucoup à faire.**

La structuration du dialogue social dans notre pays n'a pas vraiment évolué au cours des dernières décennies contrairement à la société et au fonctionnement des entreprises.

La branche professionnelle est le pivot des négociations collectives. C'est à ce niveau que se prennent les décisions relatives aux qualifications, aux conditions de travail pour les métiers pénibles et dangereux ou à certains aspects des rémunérations, en particulier pour ce qui concerne les barèmes de salaire minimum. Cependant, alors que des pays voisins ne comptent que quelques dizaines de branches, nous en avons plusieurs centaines (voir idée fausse n° 33).

Les deux autres niveaux sont l'entreprise – qui devient un lieu de négociation de plus en plus important – et la négociation nationale interprofessionnelle. Sur certains sujets existent aussi des accords européens généraux ou sectoriels.

Cette organisation de la négociation collective a été pensée bien avant que ne se mettent en place des filières faisant appel à une multitude d'entreprises qui ne sont pas toutes dans les mêmes champs conventionnels et bien avant que la mobilité professionnelle ne prenne l'ampleur qu'on lui connaît aujourd'hui. Or il est compliqué pour un salarié de faire reconnaître ses qualifications quand il change d'employeur et en même temps de convention collective. Il est également difficile de traiter équitablement les salariés qui travaillent sur le même site pour des entreprises différentes ayant chacune leur convention collective et leurs règles spécifiques de salaire ou de durée du travail. De nouveaux métiers sont apparus, qui ne sont pas pris en compte dans des conventions collectives. Enfin, certaines d'entre elles n'ont pas été mises à jour depuis des décennies.

Bien que non reconnu formellement, le dialogue social se développe dans certains territoires pour répondre à des besoins de développement local de l'emploi et résoudre des problèmes de transports ou d'aménagement dans de grandes zones urbaines ou touristiques. Ces formes de dialogue sont souvent élargies à d'autres interlocuteurs que les seuls syndicats et les organisations d'employeurs. Les collectivités territoriales (communes, communautés de communes, départements, régions, etc.) y sont souvent intégrées. Cette forme de dialogue que l'on peut qualifier de « dialogue de projet » est source d'innovation.

Adapter les structures de dialogue et de négociation aux processus de décentralisation et d'autonomisation qui se développent est indispensable pour en assurer l'efficacité.

55 *« Les partenaires sociaux ne s'intéressent pas à l'efficacité des aides aux entreprises »*

▶ Patronat et syndicats ont une approche différente du sujet.

Les aides aux entreprises sont très nombreuses et proviennent de tous les niveaux : européen, national, régional, communal, etc. Elles répondent souvent à des mécanismes complexes.

Elles ont des incidences très différentes selon les entreprises et les secteurs d'activité, rendant difficile une position homogène des employeurs quant à leur intérêt.

Malgré leur importance, elles ne sont pas systématiquement évaluées, ce qui alimente la suspicion sur les effets d'aubaine qu'elles peuvent représenter et le doute sur l'efficacité de certaines d'entre elles dans une période où les finances publiques se portent mal.

Certaines font néanmoins l'objet d'une évaluation nationale. Ainsi, le Conseil d'orientation pour l'emploi (COE), où siègent notamment des organisations syndicales d'employeurs et de salariés, a effectué à plusieurs reprises des travaux d'évaluation d'aides publiques aux entreprises[5]. Le gouvernement a confié à France Stratégie la mise en place d'un comité de suivi destiné à évaluer l'ensemble des aides publiques dont le Crédit impôt pour la compétitivité et l'emploi (CICE). Les orga-

---

5. Conseil d'orientation pour l'emploi, « Les aides aux entreprises en faveur de l'emploi. Évaluation des principaux dispositifs », avril 2013.

nisations syndicales d'employeurs et de salariés participent à ce comité. Cependant, des travaux de cette nature ne concernent que quelques dispositifs nationaux et l'analyse reste très générale.

C'est au niveau de l'entreprise que l'on peut au mieux apprécier l'utilité de ces aides.

Dans celles qui sont dotées d'un comité d'entreprise, ce dernier est consulté sur les aides publiques et l'information doit figurer dans le rapport sur la situation économique dans les entreprises de plus de 300 salariés. Mais les élus n'ont pas toujours la connaissance minimum de ce que sont les aides auxquelles leur entreprise peut prétendre. Quand ils se font aider d'experts, il leur est plus aisé d'analyser ce que sont les aides reçues et comment elles ont été utilisées. C'est moins facile dans les plus petites entreprises, voire impossible dans la grande majorité où n'existe pas de comité d'entreprise (voir idée fausse n° 11).

En cohérence avec les efforts de développement du dialogue social sur les questions économiques, il serait intéressant que les élus et la direction puissent évaluer – de manière conjointe ou contradictoire selon les cas – l'impact des diverses aides au regard des objectifs affichés (innovation, emploi, exportation, etc.) et ce quelle que soit la taille de l'entreprise.

Globalement, le développement des évaluations des aides dans les entreprises et au niveau macroéconomique permettrait sans doute aux partenaires sociaux et aux pouvoirs publics d'avoir une meilleure appréciation de leur pertinence comme de leur efficacité et d'orienter de manière plus efficace les budgets qui leur sont consacrés.

56 *« Syndicats et patronat profitent des fonds des organismes qu'ils gèrent ensemble au détriment des salariés et des entreprises »*

▶ **Faux.**

Le paritarisme est la gestion commune par les organisations syndicales et patronales – au bénéfice des salariés et des entreprises – de cotisations ou contributions versées par les entreprises et les salariés à différents organismes chargés de l'assurance-chômage, des retraites complémentaires, de la formation professionnelle, de l'insertion des personnes en situation de handicap, etc.

Des accords nationaux interprofessionnels mais aussi des accords de branche (pour ce qui concerne la formation par exemple) définissent objectifs et modalités d'utilisation des fonds qui proviennent des cotisations sociales prélevées sur les salaires. Dans le cas de l'assurance chômage, l'accord doit être validé par le gouvernement. Si un accord modifie un dispositif légal existant, c'est le Parlement qui a le dernier mot. Ces dispositifs concernent des millions de salariés qui perçoivent des indemnités de chômage, des pensions ou suivent une formation.

Ces dispositifs d'assurance complémentaire pour la santé, le veuvage, la vieillesse, etc., ont d'abord été créés dans quelques entreprises ou branches avant d'être généralisés. En décidant de transférer dans des caisses communes une partie prélevée sur les rémunérations (d'où l'appellation de salaire différé), les organisations de salariés et d'employeurs ont fait le choix de la solidarité entre les salariés et entre les entreprises.

Les administrateurs de chaque organisme, issus des divers syndicats de salariés et d'employeurs, ont la responsabilité de la gestion légale et éthique des milliards d'euros récoltés. Ils veillent au respect des règles et des orientations décidées par les partenaires sociaux eux-mêmes.

La loi d'août 2008 a imposé de nouvelles obligations de transparence financière aux organisations professionnelles de salariés et d'employeurs comme le respect d'un plan comptable, le recours à un commissaire aux comptes, ou la publication des comptes[6]. Le respect de ces obligations est une des conditions de la reconnaissance de la représentativité des organisations (voir idée fausse n° 1). Dans la suite de ces nouvelles obligations, syndicats et patronat ont adopté en 2012 de nouvelles règles pour renforcer transparence et rigueur dans les organismes dont ils assurent la gestion.

Ces fonds sont essentiellement utilisés pour assurer le meilleur service possible aux salariés et aux entreprises.

Une part assure le fonctionnement des instances de gouvernance. Ainsi, dans le cas de l'assurance chômage, la prise en charge des personnes qui, dans leur organisation syndicale ou professionnelle, se consacrent au suivi politique et technique des dossiers est prévue sous la forme de quelques temps pleins pour l'ensemble des organisations afin de permettre aux administrateurs

---

6. En matière d'exigences sur la transparence financière, la loi reprend les conclusions de la négociation nationale concernant la réforme de la représentativité du 7 avril 2008.

de prendre les décisions en connaissance de cause. C'est très peu pour suivre un organisme qui traite la situation de plusieurs millions de personnes et cela ne représente qu'une petite partie du volume de travail qu'un syndicat de salariés ou d'employeurs doit consacrer au sujet.

La loi de mars 2014 a prévu la création d'un Fonds pour le financement du dialogue social qui – à terme – remplacera toutes les contributions provenant d'organismes paritaires aux organisations syndicales et patronales. De ce fait, les ressources des organismes paritaires financeront exclusivement les services rendus directement aux entreprises et aux salariés.

57 *« Les syndicats profitent des fonds de la formation qui devraient être destinés aux salariés »*

La loi de 2014 met fin à l'ambiguïté sur l'utilisation des ressources.

La contribution des entreprises à la formation professionnelle est mutualisée au niveau des branches professionnelles ou au niveau interprofessionnel au sein d'organismes paritaires : les Organismes professionnels collecteurs agréés (OPCA) qui reçoivent et gèrent ces contributions. Des accords de branche ou interprofessionnels fixent les objectifs à ces OPCA qui ont ensuite la charge de les mettre en œuvre. La dernière réforme de la formation professionnelle vise à mieux répondre aux besoins des salariés (qu'ils soient en activité ou demandeurs d'emploi) et des entreprises ainsi qu'à améliorer de la sorte l'efficience des fonds collectés et de leurs actions.

Pour ce qui est de l'utilisation des ressources à la disposition des OPCA, hormis celles liées à la gouvernance, c'est aux élus des conseils d'administration d'être vigilants et exigeants et d'appliquer l'accord national interprofessionnel sur la modernisation et le fonctionnement du paritarisme du 17 février 2012.

Jusqu'en 2014, une somme forfaitaire – qui ne pouvait pas dépasser 1,5 % des sommes versées par les entreprises pour la formation professionnelle – était attribuée à chaque organisation d'employeurs et de salariés assurant la gestion de l'OPCA. L'ensemble des organisations d'employeurs recevait une somme équivalente à celle attribuée à l'ensemble des organisations de salariés.

La loi de mars 2014[7] établit dorénavant une séparation nette entre le financement du dialogue social et les fonds de la formation professionnelle ; elle a mis en place une contribution des entreprises pour financer le dialogue social (voir idée fausse n° 56).

Souhaitons que sa mise en œuvre confirme ses intentions. C'est la qualité du service rendu dans ce domaine et la transparence totale dans la gestion qui lèveront les suspicions qui demeurent.

---

7. Loi du 5 mars 2014 relative à la formation professionnelle, à l'emploi et à la démocratie sociale qui fait suite à l'ANI du 14 décembre 2013 sur la formation professionnelle.

58 « Pour faire des économies, l'État devrait mettre fin au paritarisme »

▶ **Faux. Cela reviendrait à en perdre les avantages.**

Les partenaires sociaux gèrent plusieurs dispositifs importants comme l'assurance-chômage, la part mutualisée des financements de la formation professionnelle, les retraites complémentaires et le 1 % logement, ou encore l'Association de gestion du fonds pour l'insertion professionnelle des personnes handicapées (Agefiph) où siègent aussi les associations de travailleurs handicapés. Les représentants des organisations syndicales d'employeurs et de salariés qui siègent dans les instances paritaires y apportent leur connaissance des besoins des entreprises et des salariés pour rechercher des solutions cohérentes. Les organismes paritaires étant chargés de mettre en œuvre les contenus des accords collectifs conclus par les partenaires sociaux, ils favorisent d'une part une cohérence d'ensemble entre les sujets traités (emploi, formation, etc.) et d'autre part la bonne mise en œuvre des accords conclus.

Une gestion par l'État déresponsabiliserait entreprises et salariés. Elle ne bénéficierait pas des connaissances des besoins diversifiés et des contextes de mise en œuvre.

Supprimer la gestion paritaire de ces organismes pour en charger les services de l'État n'en ferait pas disparaître les coûts de fonctionnement.

Si l'État venait à se voir confier la responsabilité de la gestion d'une centaine de milliards d'euros, aujourd'hui assurée par le paritarisme, il est probable qu'il inclurait ces budgets dans la recherche d'économies à réaliser. Les critères d'économie de l'État n'étant pas ceux des partenaires sociaux, les premières victimes en seraient les entreprises et les salariés, qui se verraient allouer moins de moyens.

Enfin, un transfert du paritarisme vers l'État renforcerait la tendance à la centralisation et affaiblirait la place des corps intermédiaires.

59 *« Les organisations syndicales et patronales se satisfont des "grand-messes" entre elles et/ou avec le gouvernement »*

▶ **Faux.**

Les médias relatent, sous l'appellation de « grand-messes », les réunions entre représentants du gouvernement, syndicats de salariés et entreprises en laissant croire que ces rencontres, par ailleurs nécessaires, représenteraient l'essentiel du travail des organisations syndicales. Or il y a environ un million d'élus des salariés dans les entreprises et la fonction publique. C'est à ce niveau, au plus près des salariés et des agents, que le dialogue social est le plus vivant. Les négociations, consultations ou concertations avec l'employeur y sont tout sauf des « grand-messes ». Elles sont souvent précédées de discussions parfois vives sur les sujets à traiter et de travaux préalables (délibérations, états des lieux, priorités de travail, etc.), voire de réunions visant à l'élaboration de positions communes entre les organisations syndicales.

Un nombre bien plus faible de représentants des salariés et des employeurs participent à des réunions de négociation spécifiques à chaque branche pour mettre au point les conventions collectives qui définissent les qualifications et les salaires de référence, et plus généralement traitent de tous sujets collectifs comme la prévoyance, la formation, etc. Les partenaires sociaux français se retrouvent également à l'échelon européen, notamment dans les comités de dialogue social sectoriel qui traitent de sujets communs aux entreprises du secteur comme par exemple la sécurité et la santé au travail dans des métiers exposés, en lien avec la normalisation européenne.

Depuis quelques années, des instances de dialogue territorial se mettent en place. Elles réunissent des représentants des employeurs et des salariés, mais aussi des élus locaux, des associations, des organismes de formation, etc. Les acteurs y mènent des travaux très concrets sur des questions comme la sécurité, les transports, la gestion des mobilités entre les entreprises en difficulté et celles qui recrutent, etc.

Très peu de syndicalistes participent à des réunions nationales interprofessionnelles qui traitent de sujets concernant l'ensemble des entreprises et des salariés, comme les retraites complémentaires, l'assurance-chômage, la formation professionnelle, le logement, les personnes en situation de handicap, etc.

Ces réunions, guettées par les journalistes, sont théâtralisées, mais ne sont qu'un élément du dialogue social français. Depuis quelques années, l'élaboration d'un agenda social au plan national comme dans un nombre croissant d'entreprises ou d'administrations, de même que les phases organisées de délibération pour confronter les états des lieux et les premiers travaux d'évaluation des accords marquent des progrès intéressants.

Le gouvernement peut engager des consultations ou des concertations avec les partenaires sociaux sur des sujets qui relèvent de sa seule responsabilité comme les retraites de base par exemple. Depuis la loi Larcher de 2007, il doit saisir les partenaires sociaux avant de soumettre au Parlement un projet de loi sur un sujet qui les concerne, afin qu'ils entament une négociation sur le thème en question. Il s'en est suivi une première vague de concertations entre les partenaires sociaux et l'État puis, en 2012, 2013 et 2014, des grandes conférences sociales annuelles auxquelles succèdent maintenant des conférences plus thématiques. Il reste manifestement des réglages à trouver pour assurer un bon équilibre et l'efficience de ces réunions tripartites. Les acteurs en sont conscients.

Dans les faits, en France, les « grand-messes », comme les conférences sociales ou environnementales, sont plutôt rares. Ce n'est donc pas leur principe qui pose problème et elles ne sont pas sans intérêts (explicitations des enjeux, échanges de points de vue, agenda futur, etc.). Mais elles débouchent trop rarement sur des décisions concrètes visibles pour les salariés et les entreprises et ne font pas toutes l'objet d'une mise en œuvre vigilante, alors que dans d'autres pays, les rencontres sont plus fréquentes, sans mise en scène mais avec un véritable effort de mise en pratique des décisions prises.

60 *« Organisations syndicales et patronales sont influencées par les partis politiques »*

► **Non.**

Un responsable patronal ou syndical peut être adhérent à un parti politique ou avoir une sympathie plus ou moins prononcée pour un gouvernement. Cependant, la grande majorité des adhérents des organisations n'appartiennent à aucun parti politique et ils attendent de leurs responsables la prise en compte de leurs attentes plutôt qu'un engagement partisan. Les études d'opinion réalisées à l'issue d'élections politiques montrent une grande diversité dans la préférence politique des sympathisants d'une organisation syndicale.

Dans leurs congrès, là où se décident leurs grandes orientations, les délégués se prononcent en fonction de leur propre analyse des problèmes de l'entreprise, sans influence extérieure. Dans les instances patronales, les employeurs ont des attitudes semblables. Il arrive fréquemment que représentants syndicaux et patronaux, chacun dans leurs domaines de compétence, agissent auprès du gouvernement ou de partis politiques pour contester des propositions ou projets qui ne prennent pas en compte leurs intérêts.

Trop rarement, ce sont les partis politiques qui auditionnent ou invitent à leurs débats les représentants des organisations syndicales et patronales pour les éclairer sur des réalités qu'ils ne connaissent pas toujours.

Lorsqu'un accord national interprofessionnel doit être transposé dans la loi, les signataires (patronat et syndicats) interviennent ensemble auprès du gouvernement et des parlementaires pour expliquer et défendre l'accord conclu, ce qui peut donner lieu à des échanges assez vifs.

Historiquement, les liens entre une partie du syndicalisme et des partis politiques ont été étroits (en Grande-Bretagne ou dans des pays scandinaves par exemple) et il y a des pays où c'est toujours le cas (aux États-Unis, notamment). En France, on a pu parler de « courroies de transmissions ». C'est une période révolue. Au niveau national, toutes les organisations syndicales confédérales affirment leur autonomie vis-à-vis des partis politiques et la mettent assez largement en pratique. Certaines interdisent même statutairement à leurs responsables le cumul avec des responsabilités politiques. Toutes n'ont pas les mêmes règles et les mêmes pratiques à tous les niveaux, ce qui explique sans doute quelques entorses aux principes énoncés.

Quel que soit leur positionnement vis-à-vis des pouvoirs politiques en place, patronat et syndicats de salariés se doivent d'entretenir des relations suivies avec les partis politiques et avec le gouvernement pour leur faire part de leurs analyses et relayer les besoins du monde du travail et des entreprises. Dans la mesure où les élus de la nation votent des lois qui affectent la vie des entreprises et les conditions de travail, il est logique que les organisations syndicales dialoguent avec eux.

61 « Les organisations syndicales et patronales devraient se mettre d'accord avant d'aller discuter avec les pouvoirs publics »

▶ Cela dépend des sujets et des contextes.

Lors d'une discussion sur un sujet qui relève de la responsabilité directe des partenaires sociaux, il est souhaitable qu'ils se mettent d'accord avant de s'adresser aux pouvoirs publics. C'est ce qui se pratique lorsqu'un accord national interprofessionnel doit être transposé dans la loi. Le fait qu'un accord ait été conclu confirme qu'une partie au moins des syndicats de salariés et du patronat sont parvenus à ce compromis et ils agissent alors de concert vis-à-vis du gouvernement et du Parlement qui va légiférer. Il est cependant tout à fait normal que des organisations qui n'auraient pas signé l'accord puissent aussi donner leur propre point de vue.

Lorsqu'une négociation échoue et que le gouvernement décide de se saisir du dossier, il se trouve parfois confronté à des positions inconciliables des interlocuteurs consultés. Dans ce cas, il est appelé à arbitrer entre les différentes positions.

Sur les dossiers qui ne relèvent pas de la responsabilité directe des partenaires sociaux ou sur lesquels le gouvernement veut garder la main, celui-ci peut initier une concertation (le plus souvent bilatérale) avec les organisations syndicales d'employeurs et de salariés dont les avis peuvent être très divergents, comme sur le travail du dimanche ou le compte pénibilité.

Les relations tripartites entre État, patronat et syndicats de salariés existent dans la plupart des pays européens avec des pratiques très variables, débouchant sur des accords en bonne et due forme dans certains pays. En France, après une très longue période pendant laquelle les pouvoirs publics ne reconnaissaient pas la place des partenaires sociaux, ces rapports ont changé avec l'adoption de la « loi Larcher » en 2007. Depuis, avec les discussions sur l'agenda social, les propositions de sujets de négociation aux partenaires sociaux et les sommets sociaux, le rapport entre partenaires sociaux et gouvernement se construit dans la recherche d'un nouvel équilibre. Ce contexte devrait pousser les organisations syndicales d'employeurs et de salariés à se mettre d'accord sur la place qu'elles veulent y tenir et sur les modes opératoires possibles.

62 *« L'État devrait obliger les syndicats et les employeurs à conclure des accords »*

► **Non, une telle mesure serait irréaliste.**

Le respect par chacun de la liberté d'opinion et de l'autonomie de décision de ses interlocuteurs est la première condition d'une négociation réussie. L'accord conclu engage tous ceux qui le signent à l'expliquer, le mettre en œuvre et vérifier sa bonne application, voire à proposer de modifier ce qui, à l'usage, ne donne pas les résultats attendus. Tout cela n'est possible que si chacun assume ses responsabilités en toute autonomie. Dans le cas contraire, on assiste à un jeu de dupes et l'accord conclu ne sera pas d'une grande utilité.

Si à la fin de la négociation, un désaccord persiste parce que les points de vue sont trop éloignés, imposer une signature serait la négation de la liberté des contractants. Un tel coup de force ne réduirait pas les désaccords et serait sans effets.

Il arrive dans les entreprises (mais aussi à d'autres niveaux) que les salariés soient exaspérés devant des situations de blocage entre direction et syndicats. À ce niveau comme à d'autres, c'est la pression des plus concernés par la mise en œuvre de ce qui sortirait de la négociation qui peut faire bouger les lignes, et non l'action autoritaire de l'État.

Ce dernier le sait bien. Lorsqu'il décide de s'attaquer à un problème et demande aux partenaires sociaux de négocier sur le sujet, il prévoit la possibilité d'échec de la négociation et, dans ce cas, demande à l'entreprise de mettre en œuvre un plan unilatéral. Cette injonction est souvent accompagnée d'une menace de sanction financière si l'entreprise ne fait rien. Cette manière de faire, utilisée par exemple pour l'emploi des seniors, n'est guère productive : pour éviter la sanction financière, l'entreprise se préoccupe davantage de présenter un plan d'action à l'administration plutôt que de rechercher un accord réellement efficace avec les organisations syndicales. Le problème est plus contourné que réellement résolu.

Le législateur est dans son rôle lorsqu'il fait obligation de négocier sur un sujet précis. S'il veut faire pression sur l'entreprise et les syndicats pour favoriser des accords, il peut le faire par la voie incitative. Il en a été ainsi des accords sur la durée du travail dont la conclusion était indispensable pour que l'entreprise bénéficie des exonérations de charges sociales[8].

Lorsqu'au plan national, les partenaires sociaux ne souhaitent pas négocier ou ne parviennent pas à un accord sur un thème, l'État reprend éventuellement la main pour élaborer un projet de loi qui peut faire l'objet d'une consultation des organisations syndicales et patronales.

---

8. C'est le cas des accords De Robien de 1996 et des accords Aubry de la première loi 35 heures en 1998.

Conclusion

Grâce à l'engagement d'un très grand nombre de femmes et d'hommes – salariés du secteur privé, agents du secteur public et dirigeants –, le dialogue social est bien vivant et utile dans notre pays, contrairement à une idée fréquemment répandue.

Nous sommes confrontés à des enjeux économiques et sociaux considérables. La place et l'organisation des acteurs sociaux pour traiter ces questions sont vitales. C'est ce qui fait que le sujet du dialogue social est au cœur de nombreux débats d'actualité, de négociations, de projets gouvernementaux. Louis Gallois en appelait récemment à un nouveau pacte social : « Nous avons besoin de [...] syndicats forts, d'organisations patronales capables de s'engager dans des négociations [...], de syndicats capables, non seulement de revendiquer et de s'opposer, mais aussi de dialoguer et de négocier des compromis utiles [1]. »

Les réponses à apporter devront faire confiance aux acteurs et favoriser leur engagement. Sans eux, les structures ou les règles ne sont qu'apparence. Le dialogue social est incarné par des femmes et des hommes. Leur engagement, leur formation, leur respect mutuel, leur

1. Intervention au colloque de la Fondation ResPublica « Nouveau pacte social : mode d'emploi », 21 mai 2013.

loyauté, la confiance entre eux quand c'est possible, sont des éléments indispensables à son efficience.

Le contenu de ce livre permet d'expliciter et de faire connaître leur rôle et leurs apports. Alors osez, vous aussi, vous engager dans l'organisation de votre choix et le dialogue social pour y apporter votre contribution.

Remerciements

Ce livre résulte de nombreuses contributions des membres et partenaires de Réalités du dialogue social, qu'ils soient syndicalistes, entrepreneurs ou dirigeants de la fonction publique. Il a bénéficié également du précieux accompagnement de Bernard Stéphan, Julien Lucchini et toute l'équipe des Éditions de l'Atelier. Je tiens à les remercier chaleureusement pour leur précieux concours.

Amis lecteurs,
Vous entendez de nouvelles idées fausses
sur les syndicats et la dialogue social
Envoyez-les nous à
ideesfausses-dialoguesocial@editionsatelier.com

Merci par avance pour votre précieuse collaboration.

Mise en page : Le vent se lève...

Achevé d'imprimer sur les presses
de Corlet Imprimeur 14110 Condé-sur-Noireau
N° éditeur : 6463 – N° fab : 6688 – N° imprimeur : 175477
Dépôt légal : octobre 2015

Imprimé en France